好人
是怎样得到好报的

[美] 琳达·凯普兰·萨勒　罗苹·科瓦尔◎著
林奕伶◎译

光明日报出版社

图书在版编目（C I P）数据

好人是怎样得到好报的 / (美) 萨勒 , (美) 科瓦尔著 ; 林奕伶译 . -- 北京 : 光明日报出版社 , 2015.8

书名原文 : The Power of Nice

ISBN 978-7-5112-8506-5

Ⅰ . ①好… Ⅱ . ①萨… ②科… ③林… Ⅲ . ①成功心理－通俗读物 Ⅳ . ① B848.4-49

中国版本图书馆 CIP 数据核字 (2015) 第 111045 号

版权登记号：01-2015-1988

好人是怎样得到好报的

著　　者：【美】琳达 · 凯普兰 · 萨勒　罗苹 · 科瓦尔　　译　　者：林奕伶

策　　划：双螺旋文化
责任编辑：黄海龙　张盈秀　　责任校对：傅泉泽
特约编辑：唐　浒　申　海　　责任印制：曹　净
装帧设计：郭朝慧　　特约技术编辑：张雅琴 沈永勤 杨　骏

出版发行：光明日报出版社
地　　址：北京市东城区珠市口东大街 5 号，100062
电　　话：010-67078248（咨询），67078870（发行），67019571（邮购）
　　　　　010-63497501、63370061（团购）
传　　真：010-67078227，67078255
网　　址：http://book.gmw.cn
邮　　箱：gmcbs@gmw.cn
法律顾问：北京德恒律师事务所龚柳方律师

印　　刷：北京中科印刷有限公司
装　　订：北京中科印刷有限公司
本书如有破损、缺页、装订错误，请与本社联系调换

开　　本：880×1230　1/32
字　　数：100 千字　　印　　张：6.5
版　　次：2015 年 9 月第 1 版　　印　　次：2015 年 9 月第 1 次印刷
书　　号：ISBN 978-7-5112-8506-5

定　　价：35.00 元

作者琳达和罗苹的致谢

感谢所有帮助这本书出版的人，
以及接触我们的生命、
使我们变得更好的那些人。
我们希望这本书能帮助你：
享受成功，并带给你——你追求的幸福。

来自各界的善意推荐

美国脱口秀名人杰·雷诺：

当我获邀对《好人是怎样得到好报的》的作者访问时，我答应了，并不光是因为我想与人为善。我这么做，是因为我认为，怀着善意是对的……人生没那么辛苦，只要给予别人一些，你会很惊讶自己得到的回报竟然如此丰硕。

房地产大亨、《谁是接班人》主持人唐纳·川普：

如果你想发现善意出奇的力量，读这本书。把内容记在脑海里，并去实行。你会很高兴自己这么做。

畅销书作者基思·法拉奇：

善意的力量是仙丹！它真的可以拯救你的事业和你的人生……让我给你一个良心的建议：多买几本，送给你的敌人。我保证，他们比你更需要这本书。

威智汤逊广告公司（北美）前执行长、悬疑小说大师帕特森：

阅读《好人是怎样得到好报的》可以提升你生活的每一个层次，我敢保证！

著名经济学家茅于轼：

放送善意从哪里开始？理解别人的善意立场，哪怕原本不那么善意。

卡耐基训练负责人黑幼龙：

人生最大的驱策力就是想成为好人，成为好人以后，最大的受惠者是“好人”本身。通常他周围的人也必定受惠，因此结果是双赢。

奇哥股份有限公司董事长陶传正：

相信我，善意会让对方快乐，而结果，会让你自己更快乐！

心理咨询师刘松燕：

这是一本非常具有现实意义的读物……这也是目前人们幸福的出路。

媒体瞩目：

《时代》杂志专题报道

《纽约时报》书评

《今日美国报》书评

《欧普拉杂志》职场专栏书摘

《出版人周刊》书摘

《纽约邮报》职场版书摘

目录 Contents

第一章　善意，最强大的力量 · 001

不必唇枪舌剑、剑拔弩张，我们的成功来自于鲜花与巧克力、微笑与赞美。

第二章　运行善意，自有其道 · 011

善意的力量具有骨牌效应，虽然很少是直接的，但是你的所作所为会以某种方式获得回报。

第三章　一起来把善意之饼做大 · 029

人生并不是零和游戏：当你帮助别人，其实是在把饼做大。

第四章　无限回报全赖善意投资 · 053

正面的情绪比负面情绪更有感染力。

提高周围人的士气，会带来一些特别大的回报。

第五章　帮助你的敌人，用善意 · 073

帮助对手。
这可能是你为自己所做的最有价值的事情之一。

第六章　讲不伤害的实话是善意 · 099

说谎所消耗掉的精力无比惊人，而且会对你的智力与体力造成损害。

第七章　记得说YES的善意方法 · 127

研究发现，悲观者比乐观者务实，但是，乐观者比较容易成功。

第八章　要倾听，善意会不请自来 · 151

当你让别人的才华发光发热时，你不只获得新的信息，你也赢得他们的善意。

第九章　释放善意，感觉别人的感觉 · 167

工作时学着使用同理心，对于激发创意特别有帮助。

第十章　善意不是惟一，而是最好 · 193

不具目的的善行，可以帮你变得更富有、更健康、更有智慧。
但最重要的，是可以让你更快乐。

第一章　善意，最强大的力量

不必唇枪舌剑、剑拔弩张，我们的成功来自于鲜花与巧克力、微笑与赞美。

别人会回报你的善意，你会从善意中得到快乐和力量。

——比尔·盖茨

多年来，我们一直很喜爱我们曼哈顿办公大楼的警卫法兰克。事实上，我们凯普兰萨勒集团（The Kaplan Thaler Group）多数人都非常喜欢他。法兰克是个高大、令人愉悦、四十多岁的男子。他对每个走进大楼的人都来上一句响亮又温暖的招呼，让大家一天就这么快活了起来。“哈喽，琳达！”“哈喽，罗苹！”他还会说：“祝你周末愉快！”

法兰克迷人的笑语改变了我们早上开展工作的方式。不再只是千篇一律地亮出识别证，直奔电梯而去；我们会四下张望，寻找法兰克，然后跟他说声哈喽。他为一整天带来一股正面积极的气氛。但我们从来没想过，除了避免让外来客闯进大楼以外，法兰克还可能对我们的事业有帮助。

直到那一天，美国第六大银行联邦银行（U.S.Bank）的总裁兼营运长理查·戴维斯来拜访我们。有好几个月的时间，我们整个团队一直努力要想出一个提案，能够博取戴维斯的青睐，赢得联邦银行这个大客户。

到戴维斯来访这一刻，结果怎样，就要见分晓。我们是还在争取这个案子的两家公司之一。戴维斯和他的团队从明尼苏达州明尼阿波里斯（Minneapolis）的管理总部飞来，亲自与我们见面。当时我们并不知道，其实，戴维斯和他的工作团队对于在纽约市会遭到什么样的待遇，感到有些惴惴不安。纽约紧张的步调、恶狠狠的“不要挡路”的态度，已经成为这个城市神话的一部分。他们担心我们也一样冷漠、疏离。

但是，当理查·戴维斯和他的团队走进我们的大楼，他们听到法兰克一声温暖、充满热情的招呼。几分钟后，戴维斯进到我们办公室，滔滔不绝地谈着这位友善的警卫。“那个人对我大声说哈喽！”他说，“突然间，我就认定，我怎么可能会不想和有像法兰克这样的人的公司合作？聘用这样的公司怎可能不让我觉得很棒？”于是，我们拿到了这个案子。

当然，如果戴维斯不是对我们的努力印象深刻，也不会给我们这个工作。但我们还是得记上法兰克一笔。当这个数百万美元的案子还悬而未决时，法兰克温暖的招呼让我们稳稳得到这桩交易。

这就是善意的力量。

警卫赢得总裁的欢心。听起来可能有点像迪斯尼的电影，但我们可以向你保证，这不是幻想。我们写作这本关于好人和善意的书，是因为我们完全不能苟同“好人就得倒霉”和“好心没好报”这种普遍存在的看法。

善意不是天真无知

我们的文化一直在助长社会达尔文主义的思想，致使适者生存和人我对立的严酷无情观点盛行。过去几年最畅销的职场相关书籍当中，有一本叫做《乖女孩得不到大办公室》，但这与我们经营事业与生活的方式彻底背道而驰。在不到十年间，我们将凯普兰萨勒集团经营起来，成为在广告业界营业额达十亿美元、充满活力的团队，并跻身全美成长最迅速的广告公司之一。我们的成功并非来自于刀枪剑戟，而是鲜花与巧克力。我们的成长不是恐惧与威吓的结果，而是微笑与赞美。

不时地，我们总会在业务往来以及个人生活中，看到善意所发挥的奇特力量。被升级到头等舱的，是客气地请航空公司票务人员再确认一次的耐心旅客，而不是吹嘘着“我是三重白金级会员”的吹牛大王。对警察态度有礼且带着歉意的超速驾驶人，有时候也会被网开一面。

但善意有形象问题，好人往往得不到尊重。被人家说“你是一个好人”，通常意味着别人对你没有什么正面评价。做好人，通常等同于无可救药的乐天主义者，要不就是被动、懦弱、胆小如鼠。

我们要讲清楚一件事情：善意不是天真无知。善意并不是说当别人欺负你，还要无所谓地微笑。好人也并不表示要当个逆来顺受的可怜虫。

其实，“善意”是你所听过的最强大的两个字。它

第一章
善意，最强大的力量

通常只是一些小小的善意
像是微笑 手势 赞美
就会让我们觉得开心
甚至可以改变我们的人生

意味着以思虑清晰的信心向前迈进，而这股信心来自于了解“亲近善意、且将别人的需求和自己的需求视为同等重要”，这想法将让你得到所渴望的一切。

仔细思考这些数据：

好人的爱情比较顺遂。

多伦多大学的研究显示，低调且令人感觉舒服的人，离婚率是一般人的一半。

好人钱赚得比较多。畅销书《情商》的作者高曼教授（Daniel Goleman）曾在《打造新领导人》（Primal Leadership）一书中研究情绪如何影响职场。他主张，员工的士气与公司的获利有直接关联。一项研究显示，每提高百分之二的服务气氛，也就是员工之间的欢乐与乐于助人的气氛，营业收入就会提升百分之一。

好人比较健康。密西根大学的一项研究发现，协助别人，不管是当义工，或仅是当个好朋友或好邻居的美国高龄人口，相较于不爱助人的同辈，不能寿终正寝的几率低了六成。

好人上法院的时间比较少。高拉威尔（Malcolm Gladwell）在其畅销书《决断二秒间》（Blink: The Power of Thinking Without Thinking）中指出，一项研究结果显示，从来没有官司纠纷的医生，比起被控告过两次或更多次的医生，平均与病人谈话的时间多出三分钟。

通常只是一些小小的善意，像是微笑、手势、赞美、善行，就会让我们觉得开心，甚至可以改变我们的人生。不管你是领导自己的公司、竞选家长会长，或只是想和你正值青春期的女儿来场平起平坐的谈话，善意的力量会帮你突破那些阻碍你达成目标的错误观念。善意的力量能帮你开启一扇门，改善你在职场与家庭的关系，让你晚上睡得安稳。好人不仅不会倒霉，而且，凡善用善意绵延不绝的力量，将会愈来愈快乐！

在接下来的章节中，我们将告诉你，依善意行事，不代表你得为了别人而牺牲你所想要的。当你运用善意的原则时，一定会有第二、第三甚至第四种解决方法。

第二章　运行善意，自有其道

善意的力量具有骨牌效应，虽然很少是直接的，但是你的所作所为会以某种方式获得回报。

善意产生善意，善行招来善行。

——伊拉斯莫斯

善意让你得到好报的方式一：好印象就像种子

每次你对快递员微笑、笑着响应同事的笑话、感谢助理，或是抱着亲切与尊重的态度对待陌生人，你就是在释放正面的能量。这股能量会给其他人留下印象，而且不断扩散并影响到无数他或她所遇到的人。如此这般会产生倍数的效果，而最后这些好印象会回报到你身上。

这并不是说，你给一位服务生大笔小费，他有朝一日创立了一家上市的大企业，然后就会给你股票选择权（除非那是一笔高得吓死人的小费）。善意的力量，结果很少是那么直接的。事实上，可能有很多年的时间，除了内在散发的温暖光彩，你都不会注意到对生活有什么影响。

然而我们发现，善意的力量具有骨牌效应。你可能无法追溯你的好运到底是来自哪一次的偶遇，但是几乎可以百分之百肯定，善意的力量为未来的许多机会立下基础。这些好印象就像种子。你撒下了种子，就抛到脑后，但在地表之下，种子在茁壮成长，而且通常是指数型地成长。

我们就有一个例子可以看见善意的力量如何发挥。不久前，我们在美国家庭人寿（AFLAC）的董事长兼执行长埃摩斯（Daniel Amos）的建议下，找来地产大亨唐纳·川普（Donald Trump）的妻子玛莲妮亚，替美国家庭人寿拍摄广告。

我们给川普太太的待遇比照拍摄广告片的明星，提供她专属的拖车，确定她一切舒适，所需样样不缺。我们的工作人员亲切待她，不是因为她的夫婿是位名人，而是因为我们有条准则，必须对所有参与我们广告拍摄的艺人恭敬有礼。

几个月后，美国最受欢迎的真人秀《谁是接班人》

（The Apprentice）邀请琳达担任其中一次节目的裁判。那次节目中，有希望的参赛者的难题是设计出一个汽车广告。

在拍第一段之前，我向唐纳·川普自我介绍，提到我们就是请他太太为美国家庭人寿拍鸭子广告（注：美国家庭人寿开始引起注意，是通过一个放进鸭子的无厘头广告，从此这只鸭子成了美国家庭人寿的象征）的广告公司。结果，川普清楚记得他太太是有这么回事，因为就在拍摄工作开始进行前，他靠过来说：“你们对我太太真好。看看我怎么报答。”

接着他上场，并将凯普兰萨勒集团形容为全国最炙手可热的广告公司，就在全美国电视联播的节目里！然后，他一反常态地拉我到镜头前参加讨论。这一切都是因为我们曾经对他太太亲切。

善意让你得到好报的方式二：你不知道遇上的是谁

好吧，你会这样想，善待川普的太太很划算。我们都很精明，会和那些在我们生活中很重要的人合作，比方说，那些我们常常有互动的人，像是邻居和同事，还有与重要交易相关的人，例如帮你办抵押贷款的银行职员，以及有可能成为我们老板的人。然而，我们就很少会去在乎一个我们可能再也不会见到的陌生人。大部分的情况下，我们都会想："有什么关系？"

黛安·卡奈特肯定从来没想到，她在回纽约市的火车上遇到的那位少妇，会改变她的人生。那位少妇要去看她的祖母，而她的祖母正好住在黛安家附近，所以她们共乘出租车。等她们到了那位少妇祖母的公寓时，那位少妇问黛安能不能帮忙爬个楼梯，帮她把袋子提到五楼。

"我想：有何不可？"但是等到她们气喘如牛爬到四楼时，这段楼梯路上她可就想出了许多"不可"的理由。

你想得到吗？少妇八十五岁的祖母原来曾是歌舞大王齐格菲（Ziegfeld）旗下的歌舞女郎，名字叫蜜莉，她和黛安成了好朋友，且带她发掘她从未见识过的纽约面貌。"这些年来，我在她特别喜爱的爵士俱乐部和酒馆里，被当成女王一样礼遇。"黛安说。

这可超出拖着几个袋子、爬个几层楼梯所能得到的报酬。但后来她又发现，蜜莉的女儿倩·帕克（Chan Parker），正是传奇爵士乐手查理·帕克（Charlie Parker，）的遗孀。当黛安没有工作的时候，倩邀请黛安到她位于巴黎郊外的农庄一起住。黛安接受邀约，且告诉前老板她要移居。老板们于是说，既然她要搬到巴黎，何不在那里开家店，和他们一起合作事业？

黛安在巴黎过了多彩多姿的四年，周末就在倩·帕克的农庄度过，和倩那些迷人、美好的访客往来，包括爵士乐的传奇人物、记者，甚至还有克林特·伊斯特伍德（Clint Eastwood）。

“我可以让火车上的陌生人自己拿袋子上楼。但就会错失这一切。”黛安说。

当我们在街上遇到陌生人时，我们通常都会以为他们对我们不重要。不像黛安，我们通常会避免和火车上邻座的女士接触，或甚至会在出了火车站之后直往前冲，赶在她前面上了出租车。这种想法是：“她只是个和我人生无关的女人。搭上出租车，比对她好来得重要。”

但是你怎么会知道呢？这个女人可能是你老板的姐妹。或者她是个房地产经纪人，刚好知道一栋房子，就位于你所向往的地区。又或者，她是个基金会的领导人，可以给你刚起步的慈善机构迫切需要的帮助。结果呢，这位女士对许多人来说很重要。对每个你所遇到的人，要待他们如同全世界最重要的人一样，因为他们的确就是。如果不是对你，那就是对某个人很重要；如果不是今天，或许就是明天。

善意让你得到好报的方式三：人的未来，有无限可能

我们常犯的一个错，就是以为只需要对同辈或是上级好；没必要对助理或是接待员客气，更不用说警卫或是清洁人员了。毕竟他们没办法帮你什么，说穿了，他们没有权力。

就当下来说，这或许对，也可能不对。但你不知道从现在起的十年、二十年或三十年，谁可能会对你很重要。几年前，我们接到一位女士的来电，我们以为她要找工作。但我们答应见她，没什么理由。结果，她并不是要找

工作。

原来，她是在替她所带领的两个重大业务计划找公司做广告。那对广告公司来说，是价值以百万美元计的计划。她为什么选上我们？十五年前，她曾经和琳达共事，尽管她在公司的职位不高，但是琳达仍对她极为和气、尊重。结果在二十多年后，我们拿到了价值四千万美元的新业务，因为我们其中一人曾经善待过一个如今正开始跨足广告业务的人。这就是善意的力量。

善意让你得到好报的方式四：善意必须是自然流露的

一位朋友最近告诉我们一个故事，是有关三家顾问公司争取一个非常大的案子。有一家马上就被刷掉了，虽然这家公司做的文案非常棒。为什么？他们很纳闷。结果发现，这个期待中的大客户抵达机场时，其中一家顾问公司的高级主管粗心地没有帮她提行李。他当场就失去这份合约。她对他的粗鲁无礼感到有些恼怒，因此决定不想和他们做生意。他们的团队日夜努力，希望拿出给客户留下深刻印象的文案，而这整个合约却因为一个行李箱给毁了。

那位粗心的高级主管一定知道这个客户是个VIP。那他为什么不提起那件行李呢？很简单：他并不擅长亲切待人的艺术。如果这是他平常待人之道的一部分，就肯定不会发生这种疏忽。帮客户拿起行李会变成第二天性，而不是只会对客户、老板及其他重要人士偶尔为之的特别动作。他也会了解到，这些小小的动作与举动，会有莫大的影响。

善意让你得到好报的方式五：
没有人是“无关紧要的”

每当你无意识地冷漠对待你认为“无关紧要”的人，这种冷漠会回过头来对你起作用。如果你大叫一位服务生来服务，或许会被安排到一张比较好的桌子，但我们可以给你打包票，你的约会对象没多久就会静静地说：“结账，麻烦。”就如同正面的行动像种子，粗鲁的言行举止就像细菌。你可能一时之间不会看到影响，但这些会一直存在，默默地影响你以及周围的人。

不散布细菌，意味着对周围的人、事、物尽力诚恳。因为即使是一个小小的误会，也会造成负面的印象，就像罗莘最近所发现的：

克莱尔和我熬了整夜，为了准备给一个客户的文案。其中一张投影片老是上下颠倒。我们绞尽脑汁要把它改过来，然而，它似乎有自己的意志。我们终于搞定了，然后大家都回家去。

隔天，在一间大会议室里对一人群人做文案汇报时，那张会捣蛋的投影片跳上屏幕，但却又是上下颠倒！

我说："天啊，克莱尔，又出错了。"

当然，克莱尔知道我只是在和她说一个我们之间的秘密笑话，但显然其他人不做此想。其他人认为我是在公开斥责她，因而在会议室内制造了许多负面的感觉。事实上，我们几乎搞砸那个准备了好几个月的提案。

我们试着冲淡那种感觉，并解释发生了什么事，但这对我们来说是宝贵的一课：印象来自于旁观者的眼中，而且一个坏印象会影响到其他你所做的一切。

善意让你得到好报的方式六：不要事先算计回报

就算你再也不会见到你恶劣对待的人，即使没有人见到或知道你的粗鲁与恶形恶状，但你自己知道。当你走进一场会议，试图说服房间里的人应该要信任你时，你曾经做过的恶形恶状都在你的脑海中。由于你都无法信任自己，你就会危害到一场会议或是一段关系的结局。

善意的力量并不是微笑着四处游逛、满足每个人的要求，或一直计算着会有什么样的回报，也不是虚假或操控。而是珍视善意的价值（包括自己与他人），就像你尊重智慧、美丽、才能一样。善意是一股强大的力量。事实上，可能真的会救你一命。

我们来谈谈苏珊的例子。八年前，苏珊收到一位老朋友海伦的来信。海伦的外甥女是严重的厌食症患者，除

第二章

运行善意，自有其道

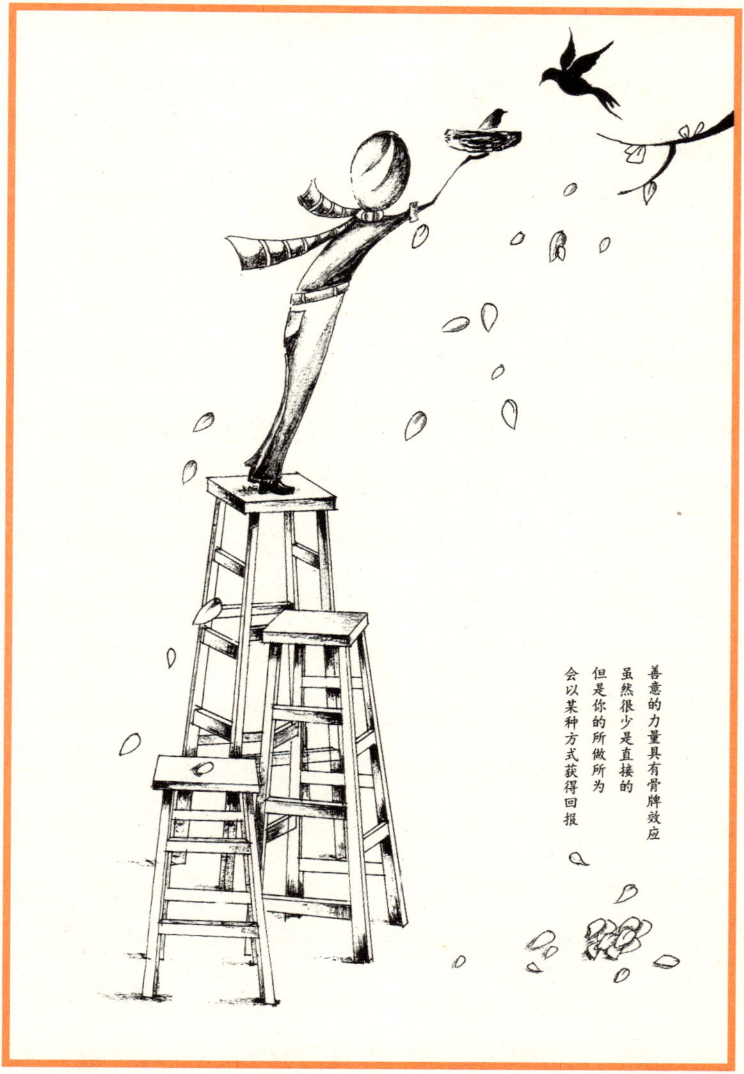

非能接受离家千里外一家昂贵诊所的特别治疗，否则她会死。不过，疗程的费用超出她们家的经济能力，因为女孩的父亲失业，而且本身也有健康问题。因此这家人寄信给亲戚和其他朋友借钱。

苏珊既感动，又有些讶异，因为即使是亲戚，一般人也很少会如此公然地求助。由于自己也有三个小孩，苏珊和她丈夫难以决定要给多少。苏珊告诉我们：“我们后来寄了五百美元。这金额似乎太少，但对我们来说，又太多了。”

但其他人也一样慷慨解囊。苏珊说，那女孩后来获得治疗，而且活了下来：“如果没有寄那封信，她可能就没办法渡过难关。”

三年前，苏珊的丈夫失业了，同时也遇上严重的健康问题。他失业的时间持续一年以上，而苏珊一家人被迫靠着那笔快速流失的存款过活。虽然苏珊有工作，但对于经济状况还是感到非常惶恐。

后来有一天，一位苏珊不认识的女士寄来一张卡片。她是海伦的母亲，那位患有厌食症女孩的外祖母。她写道，她听说苏珊和她丈夫正处在“艰难时期”，她希望能帮他们解决困难。她又写着，她知道遇到经济困难是什么样子。

苏珊说：“这位靠着端盘子扫地的微薄薪资、独力拉扯大三个孩子的奇女子，寄给我们一张两千美元的支票。”

当你真正了解善意的力量有多大时，你会身体力行，以仁慈、尊重、慷慨待人，你的所作所为会以某种方式获得回报，而且，还附带利息。

现在你已经知道可以帮助你改变人生的信念了。在接下来的章节中，我们将告诉你运用善意的力量所需的工具。

@小提示

善意的练习：善意的力量，来自不求回报

下星期的每一天，做五件没有办法立即得到回报的好事。对其他人说谢谢。向你遇到的人表达问候。询问你的清洁妇有没有孙子。捐钱给慈善团体。赞美陌生人。

重点并不是要你想象你慷慨地给了出租车司机一大笔小费，而他有朝一日会经营一家大企业。这只是要养成善意的习惯，并且，重新发现如此作为，会让你感觉有多美好。

善意的练习：当个“最佳配角”，你会更客观

我们大多不是故意要那么不顾别人的感受。我们只是忙着在自己的电影中担纲演出，而忘了别人也是他们自己电影中的明星。这也是为什么非常重要的一点是，你看待自己，要像别人看你一样，把自己当作别人的电影中的配角。将所有你生活中的人列出一张清单，问问自己，你在他们的电影中扮演什么样的角色。你是钟爱那个被宠坏

的成年女儿，还是心神烦乱、老是不见人影？你是讨喜亲切、永远表态支持的男朋友，还是需索不断又自私的男朋友？你是办公室里调解纷争的人，还是喜欢小题大做的傲客？针对每一种关系，写下五种可以让你的“角色”扮演得更讨喜的方法。

善意的练习：你欣赏谁？开始学学他吧！

你钦佩当志愿者的人吗？谁会联系家人，计划一起做的活动？谁会在工作中称赞他人并给予指导？谁会询问并记下客户与同事的生活细节？回答这个问题：如果我人更好，我就会……

试着以你崇拜的人为模范，改变你的行为。

第三章　一起来把善意之饼做大

人生并不是零和游戏：当你帮助别人，其实是在把饼做大。

友谊不是别的，而是一种以善意和爱心去连接世上一切神俗事物的和谐。

——西塞罗

东尼·哈西尼回想起，有一天，他接到当时寂寂无名的魔术师道格·汉宁打来的电话。

哈西尼是个魔术师，拥有一些全世界最炫人的幻术设计蓝图。哈西尼说："汉宁打了好几次电话之后，我们才说上话。等我们谈了之后，我知道他可能是足以与我匹敌的魔术师。我一开始的反应是要亲切待他，但不会分享任何严密保护的秘密。我花了十年的光阴还有一大笔钱，才搜集到这些设计蓝图，我不打算给任何人。"

但他维持着与汉宁通电话的友好关系。"我给他一些信息（没什么重要的），还有一些点子，只是要维持我们之间的良好关系。”哈西尼说。

一直到不知是第五次还是第六次的通话时，汉宁才解释说，他正在进行一种非常不一样的魔术表演，是一场音乐剧，紧凑的情节是有关魔术的；而且，最重要的，要摆脱魔术师“高帽子与燕尾服”的刻板形象。汉宁会留长发并穿上色彩鲜艳的衣服，迥异于传统的魔术师形象。哈西尼认为：“我听他讲得愈多，我愈认为他有成功的机会。”

因此，哈西尼送给汉宁十四份蓝图。哈西尼如此说道：“我可以拿这些严密保管的秘密以及我提供的咨询商向他要一大笔钱。但我判断，如果表演成功，我可以从我们之间的关系获得更多。”

当然，哈西尼的赌注值回票价。汉宁的表演在多伦多开演，还打破了当地的票房纪录。这出表演之后移师到百老汇，连演了四年半，最后还以此发展出一系列超级成功的电视特别节目。

汉宁开心地与哈西尼分享他的成功，给他优厚的顾问合约，并帮他宣传他的国际魔术师协会（International Magicians Society）。

这次的合作不仅让汉宁和哈西尼致富，还提高了所有魔术师的地位。在汉宁之前，魔术师的刻板形象，就是一个男人穿着燕尾西装和白手套，从帽子里抓出兔子。现在魔术成了时髦的玩意儿，这意味着各地的魔术师都有更多的工作机会。

想象一下，当汉宁初次打电话来，而你是东尼·哈西尼。你会给他宝贵的商业机密吗？我们的经验教给我们的是，人生要成功的最佳方式就是竭尽所能地攫取。

毕竟，资本主义社会的第一条规则是打败竞争对手；在别人抢到饼之前，先拿到自己的那一份。因为如果你不这么做，就只能捡那些剩下的碎屑。对吧？

错。人生并不是零和游戏：如果别人赢，我就会输，或者我赢，别人输。没有必要去争论谁拿了最大的一块饼，其实，我们只要把饼做大就行了。

谁说饼有一定的大小？宇宙就没有一定的大小，宇宙是无限的。就像每一个父母所知道的，我们爱的能力也不是有限的。你有了第一个小孩，以为你的心再也没办法变得更大了。然后，又有了第二个小孩，而心变得两倍大，甚至三倍大。

听起来太不切实际吗？那就想想因特网如何扩大每个人的机会。过去在寻找新工作时，选择总是有限，你可以搜寻报纸上的求才广告、去找职业介绍所，或者透露消息给一些朋友。现在则有了很多种资源：有求职网站，还有网络社群。每家大型企业的网站上都会有“人才招聘”的字样，只需要按几下键就能连上了。或者你可以把履历用电子邮件寄给精挑细选过后的几个熟人，要求他们帮忙转寄，然后就像古老的电视广告一样，“他们告诉两个朋友，然后他们又告诉两个朋友，诸如此类。”因特网给每个人一个宽广远大的网络。没有人会和熟人失去联系，并且，使每个人的人脉圈子更加深远。

别小看举手之劳

而且，把愈多人拉进来，对你的情势就愈有利。有人邀请由超级名模转型为企业家的凯思 · 爱尔兰（Kathy Ireland）为产前照护录制公益广告，这件事让她了解到这一点。

凯思·爱尔兰爽快答应免费录制，不收一毛钱，但是有个附带条件，就是他们得答应，让她录一个西班牙语的版本。凯思说："我丈夫在急诊室工作，需要说西班牙语，他必须能够给那些说西班牙语的患者重要的资讯。所以我告诉他们，我希望能用西班牙语和英语录制公益广告。因为这真的是非常重要的讯息，我们不能让大众错失。"

凯思录制双语的广告，因为这是对的事情，她并没有商业动机。但在广告播出后，她很惊讶地发现拉美裔社群对广告的反应，还发现这个广告如何影响到他们对她服饰产品的兴趣。她说："真是令人难以置信。我们的拉美裔社群顾客以一种非常有力的方式响应。他们写信和电子邮件，表示他们非常欣赏这个公益广告。这让我们了解到他们过去多么不受重视。"

因此，凯思的公司主动出击，更卖力去接触拉美裔社群顾客。例如，在吊牌上同时印上西班牙语和英语："这大大地帮助了我们的品牌。我们了解到我们的顾客觉得被孤立、被忽视，而现在我们接触到他们，他们全心拥抱这个品牌。"

把饼做大就是最终极的双赢。你得到更多你所想要的，而且对你的所作所为感觉更好。所以，不要把所有的负面能量花在先抢得你的饼。想想如何去扩展你的视野，创造一个成功的新配方。

帮助别人拿到他们的饼

当你拼命地要拿到自己的那块饼时，怎么会有兴趣去帮助别人拿到他们的饼？

厄尼·汉威（Ernest Hamwi）1904年在世界博览会卖zalabia（注：一种在中东地区相当盛行的格子状薄脆饼）时，如果是抱着这种心态，那他终其一生可能就只是个街头小贩。

汉威注意到附近一个冰淇淋小贩因为碗用完了，没办法再供应给客人。大多数的人会嗤之以鼻地说：“不关我的事。”甚至可能暗自希望冰淇淋小贩的厄运可以给自己带来更多客人。然而，汉威卷起了一片薄饼，盖上一球冰淇淋，做出了全世界第一个卷筒冰淇淋。他帮助了邻居，而且，在这过程当中，赚了一大笔。

这就是帮助他人获取所需的美好之处：在买卖交易中，你通常也帮着创造了一块更大的饼。因为愿意指导一位新进人员，你可能会发现一些事业上的构想，有助于让你的目标与价值更清晰。

希拉·米乐在一家大型食品与营养食品公司担任营销部门主任时，她注意到她底下的业务专员中，有一位拥有极高的能力。因此米乐将她带到公关部门，并协助她培养技能。

当米乐离开这家公司，并开了自己的公关公司后，仍持续给她的朋友提供建议，以及生涯发展方面的讯息。而今，米乐的徒弟是Focus Brands（Carvel冰淇淋与Cinnabon连锁面包店两家公司的母公司）的企业情报部主任，而Carvel正是米乐最重要的客户之一。

米乐说："指导新人以及栽培员工，一直能够带给我个人极大的满足。但是，我从没想到会给我带来客户！"

分享资源的人拥有最多资源

有时候我们会太执著于保住我们所拥有的东西，如客户、人脉、构想，因而忘了与其他人、团队或者公司一起扩大资源，那样或许可以给大家带来更大的利益。

乳癌防治研究基金会（The Breast Cancer Research Foundation，BCRF）的主管在经过一次成果令人沮丧的募款活动后，体会到这一点。

乳癌防治研究基金会是慈善团体，创办了一种消费者募捐用的治愈卡（The Cure Card）。消费者只要花二十五美元买这张卡，就可以享有多家商店的折扣优惠。而募捐卡的半数收益会捐赠给基金会。这项计划非常成功，但来年新的零售商却不愿签约。

因此，他们采取一项罕见的举动：他们决定和苏珊考门乳癌基金会（The Susan G.Komen Breast Cancer Foundation）合作。这表示他们得放下自尊。请了解，虽然他们同样都有善意的出发点，但两家同质机构实际上也在为经费而竞争。一张新卡“爱能治愈（Love Cures）”

应运而生，吸引了一家大型的零售商合作，并缔造了极佳的销售额。当然，最棒的消息是他们为乳癌筹募到更多的经费。即使在与苏珊考门乳癌基金会拆账之后，乳癌防治研究基金会还是比他们独力进行时获得更多的款项。

离职员工不是叛将

当你学着放下“他人VS自己”这样对立的想法，就为每个人开启了机会之窗。举例来说，宝洁公司的主管不久前了解到，没有必要将离职员工拒于门外。

宝洁的夏绿蒂·奥图说：“过去，当员工离开宝洁，就被列为拒绝往来户。公司和他们切断联系，不再当他们是这个大家庭的一员。”然而，许多宝洁的前员工彼此之间仍维持联络，进而创造出一个非正式的“校友会”网络。

直到拉弗利（A.G. Lafley）当上公司的执行长之后，宝洁才开始正式参与宝洁离职员工的这种聚会。拉弗利明白，昔日员工并不是叛徒；相反，他们是极有价值的盟友。

奥图认为："加强与校友们的联系，让我们获益甚多。"

宝洁的离职员工布兰特·贝利后来成了维生素厂商Pharmavite的总裁兼营运长，而该公司最有名的产品包括Nature Made与Nature's Resource的维他命与营养补给品。2003年时，贝利推动一项交易，由宝洁将"欧蕾（Olay）"的品牌授权给该公司，因而创造出非常成功的Olay Vitamin品牌。

大饼，就得大家一起做

借由分享信息与精准见解，通常可以各种形式合作，而所能获得的总成果远大于单打独斗。想想看披头士（甲壳虫乐队）联手的力量。在乐团解散后，约翰·列侬、保罗·麦卡尼、乔治·哈里森与林戈·斯塔尔在乐坛都持续有不错的表现，但是没有一个能够达到四人一体时所创下的成功传奇。轻歌剧界的超级巨星吉尔伯特与苏利文（Gilbert and Sullivan）据说彼此看不对眼，但两人却一起写出几部全世界最伟大的喜歌剧。当他们分道扬镳时，却都铩羽而归。

而且，有些全世界最成功的产品也是这样创造出来的。一般的牛奶没办法和可可酱均匀混合，瑞士巧克力商丹尼尔·彼得花了几年的时间，想要找出方法在巧克力里面加入牛奶，减轻巧克力的稠度和味道。后来，他遇到当时还是药剂师的亨利·内斯特莱（注：Henri Nestle，雀巢公司创办人），内斯特莱发明出了婴儿配方的炼乳。而这正好是彼得所需要的。此后，世人就得以享用牛奶巧克力了。

有时候，伟大的合作过程需要耗费数年。譬如，史班斯·席尔佛博士发明出自粘便条纸（Post-it）的黏胶时，他以为这是失败的成品。席尔佛原本想要为当时的公司3M研发超强的胶粘剂，却发明出黏性超弱的胶水，这东西能粘在大多数的物体上面，但可以轻易就撕下来。这项发明被搁置了五年。后来有一天，席尔佛的同事亚特·佛利在为教会唱诗班练习时，因为标签不断掉下来而感到很挫折。他想起席尔佛的胶粘剂，于是涂在一张小纸片上，于是，自粘便条纸就此诞生。

分享比掠夺好

我们通常会认为大自然是严酷且残忍的，商场上的行径无情残酷，是个由“丛林法则”支配的世界。但合作对企业高层是成功的策略，在追捕猎物时也是如此。

以吸血蝙蝠为例。在《德性起源》中，作者麦特·瑞德里（Matt Ridley）描述吸血蝙蝠如何找寻身上有新伤口的大型动物，也就是它们食物的来源。虽然吸血蝙蝠不是温暖又毛茸茸的动物，但它们懂得如何分享。当一只蝙蝠找到食物的来源，分量超过它所需要的，它会将食物分给另一只蝙蝠。等到哪天它寻找猎物不顺利时，过去的慷慨行为就会有回报。拒绝分享的蝙蝠很快就会知道，等到它需要时，就会分不到血。吸血蝙蝠除非能够分享，否则难以存活。

分享食物几乎也是所有人类社会中的重要特色。不管怎么说，这是很合理的。石器时代的穴居人猎捕到一只长毛象也无法独吞；他可能会与人分享，这样子可以确保当别人捕获猎物时，他也有得吃。

我们现在不再为了下一餐而仰赖邻居，但分享与合作的天性是每一种文化的一部分。如果蝙蝠都会注意到谁会合作、谁不合作，你的朋友和同事肯定也会这么做。

如同谈话性节目主持人杰·雷诺（Jay Leno）所指出的，为自己积攒一切，最终是无法令人感到满足的："如果你吃了一整块饼，只会让自己难受。你吃下你所需要的，然后把剩下的留给别人。"

雷诺说，他在庆祝《今夜秀》（The Tonight Show）十周年时，找到一个和节目其他工作人员共享成功的方式：每位工作人员每为这个节目工作一年，他就给一千美元，而且是他自掏腰包。听起来好像不多，不过你得知道，这个节目有一百七十五个工作人员。从行政人员到制作人，每个人都得到这笔奖金，这意义的确不凡。一个为节目工作八年的人，会获得八千美元的奖金。雷诺认为："（这样做）不是只说声'谢谢'而已，你给了他们某种有意义的东西。"

对户外运动装备公司巴塔哥尼亚（Patagonia）的创办人伊冯·邱纳德（Yvon Chouinard）来说，与人分享大饼就是给员工同样的好处，让员工也想要开创自己的公司。

“我们这里有个准则，叫做‘让我的员工去冲浪’。这个准则就是，当浪来的时候，让每一个人都可以放下手边的工作去冲浪……这种态度会改变你的一生。”邱纳德这样告诉《意义就是好生意》作者心理学家米哈里·契克森米哈（Mihaly Csilszentmilhalyi）。

我们认为，雷诺和邱纳德不只是在扮演圣诞老公公，他们做的是非常精明的商业决策。根据美国劳工部的资料，上班族离职原因排行第一的，就是他们觉得不被赏识。想想，如果一家公司为了一位经理人或只待专业人士离职平均所付出的薪资成本高达十八个月月薪，弹性的冲浪时间或者十年难得一见的奖金还是很划算的。

不在意功劳的人，功业最大

当年我们成立自己的广告公司时，我们希望让外界以及否定我们的人士知道，我们创办了一个非常成功的公司，而且还能够回家和家人吃晚餐。我们是怎么做到的？我们学着放松。我们尝试着不去担心谁得到功劳，我们只

第三章

一起来把善意之饼做大

是想要持续发展事业、将饼做大。毫不令人意外地，这种态度让我们工作更顺利。就像美国总统杜鲁门（Harry Truman）曾说过的："如果你不在乎谁得了功劳，你所能成就的会相当惊人。"

我们都希望自己的成就能够被肯定。在内心深处，许多人都有想象的观众，会对我们的成功或失败，给予鼓掌或嘲笑。但我们认为这有反效果。首先，想象中的观众并不存在；每个人都太专注于自己人生舞台所演出的戏，根本不会去在乎别人。以十一世纪的佛教大师阿提沙（Atisha Dipankara）的话来说，就是"不要期待掌声"。

其次，当你让其他人分享一个创意的所有权，就是在创造一个共同体，而这些人会帮忙将这些想法酝酿、扩大成远超出你所能想象的东西。如果有十个人认为这个创意是"他们的"，那么谁会在乎个人的那点声名？结果可能比你独占风头还要更令人兴奋十倍。

别怕你的梦

当珍妮弗参加家乡乔治亚州萨瓦纳的公民权利维护团体时，并没有想到要改变世界。她参加是因为她认同组织的工作：帮助那些发展不全的残障人士，一次一个。

珍妮弗负责照顾的是温迪，温迪患有黏多糖症，这是一种会逐渐退化并致死的先天代谢疾病。乔治亚州政府发出特别许可，让温迪可以在家接受所需要的全面照护。但是温迪十岁时，州政府取消了她的特别许可。珍妮弗说：“他们要送她到佛罗里达州的疗养院，她到了那里，没办法和母亲、弟弟、祖父母见面。”

因为温迪的单亲妈妈在工厂工作，没办法在白天打电话，珍妮弗成了温迪的辩护律师，打电话给州政府，为她的案子上诉。最后，珍妮弗和温迪的家人在亚特兰大的医疗辅助计划（Medicaid）监督委员会作证，并成功争取到保留温迪的在家照护，直到两年后她过世为止。

帮助一位病童无疑是件非凡的成就。但珍妮弗这么做也同时帮助了无数其他的残障儿童。温迪的朋友与家人所做的证词，结果也促使医疗辅助计划的特别许可得以扩大到全美国。

当你开始在帮助其他人争取他们的那块饼时，不必一开始就设下远大的目标。你不需要改变这个世界。但是借助竭力将饼做大，你会发现你的潜力无限。

@小提示

烘出大饼的方式：举办聚会，串联人脉

举办个人脉网络的聚会，邀请完全不同产业的人，包括开旅游宾馆的姐姐、当软件工程师的大学同学、在当地报纸工作的朋友。找出那些你认为会有兴趣认识彼此的人（也就是说，不要找催收账款部门那个不上道的家伙）。但除此之外，就只要让你的客人们有段开心时光就好，不用做特别的安排，轻轻松松坐下来，看看这一晚会发生什么事。说不定会发现你在花店工作的朋友，可以给你开旅游宾馆的姐姐一些点子，可以招揽更多婚礼的生意，或许由他供应婚礼花艺布置。

烘出大饼的方式：做点不一样的事

就像披头士所说的：“到最后，你拿到的派，会跟你所起初烤出来的派一样大。”好吧，他们不完全是这样唱的，总之你知道我的意思。换句话说，每次有人给你一个意见、一个工作上的建议或一笔贷款，要确认传出去。

传出去，不见得是要对等的报偿。如果在公司里有位较高层的人士给你一些好的意见，可以考虑转达给你想要传授的新进人员。如果竞争对手介绍你去一个她没办法就任的工作，就试着回报给她一些有价值的人脉。总之，只要做件好事。

去拜访老人家，或者打电话给你的祖母。看在老天的份上，她想听你的声音，想得不得了！

烘出大饼的方式：甩掉计分卡

不管承不承认，大多数的人都有着一本计分簿，记录着我们所拥有的东西，且拿来与周围的其他人相比。好比，我姐姐刚生了儿子，但我的社交生活较活跃。我最好的朋友赚得比我多，但我的工作更有趣。我们持续这样统计、比较，而且通常觉得很好——只要情况差不多维持在平手。

为什么不抛开计分卡，过着没有计分卡的生活？不要觉得别人的成功，好像代表我们的失败。当然，你办得到。每当你觉得好像输给别人了，就给他们更多。如果你对别人的升迁感到眼红，就送花给她。如果你姐姐刚买了一栋宽广的乡间别墅，就在你的公寓为她做晚餐。你可能会问为什么？当你开始站在富足的立足点行动，你就会开始感受到富足的感觉。一旦你开始有富足的感觉，你就不会太去在乎有钱又爱显摆的邻居有什么了。

第四章　无限回报全赖善意投资

正面的情绪比负面情绪更有感染力。

提高周围人的士气，会带来一些特别大的回报。

对别人表示关心和善意，比任何礼物都能产生更多的效果，比任何礼物对别人都有更多的实际利益。

——卢梭

瑞秋·派恩有一次出差，搭机从洛杉矶到纽约，她发现飞机上的空服人员看起来忙碌而烦乱。所以当空姐到她身边检查安全带时，瑞秋从家庭号大包装中拿出牛顿牌无花果馅饼给她。

瑞秋形容："她接过去，而且非常感激，眼泪好像在眼眶里打转。"

没多久后，那位空姐回来，请瑞秋跟着她，走到头等舱。"那位空姐说：'你不知道我们上个航班是什么情况。只要有一个乘客像你一样，情况就会让人好受一点。'"

从牛顿牌无花果馅饼到头等舱，一个温柔的动作或话语，能产生那么大的差别，十分令人意外。想要在人生中的更多领域品尝成功的滋味，那就不时地撒点糖吧。

快乐、生产力、创造力

提高周围人的士气，会带来一些特别大的回报。心理学家大卫·迈尔斯（David G. Myers）与路特·费因霍芬（Rutt Veenhoven）所做的研究显示，心情好的人比较可能会帮助别人；心情愉快的员工比心情恶劣的员工，更可能判断哪个来应聘的人比较适合。这听起来可能跟你的经验一模一样。

事实上，当我们感受到善意，我们也会善意响应。此外，研究还发现，员工愈快乐，生产力和创造力就愈高。“感觉愉悦可促进心智效率，让人更容易理解信息以及在复杂的判断中运用决策规则。”心理学家丹尼尔·高曼在畅销书《打造新领导人》中如此写道。高曼发现，职场中的正面情绪也可以让员工的行为更守规矩，在团队中也更能发挥合作精神。而且因为他们比较开心，也比较不可能接受其他公司的工作机会。

下次遇到新客户或是老朋友，何不从赞美他的外表或她的服装开始？我们有时候会忘了在进行手边的业务，或是在我们想要讨论的主题前，先建立起和谐的密切关系。

套句格言，用蜂蜜比用枯燥的饼形图表，能赚得到更多钱（注：这句格言原来是“You can catch more flies with honey than with Vinegar”，直译为蜂蜜比醋更能吸引苍蝇）。

每一次的人际接触，只有百分之七的沟通是透过口语的。其余的百分之九十三则是来自手势、语气等非语言的讯号。一般人很少会记得谁在业务会议上说话比较简洁有力，但是，他们肯定记得谁笑得比较多，以及谁对他们表达关怀。

用小蛋糕催账

盖尔是自由接案的美编，也有一般自由工作者的问题：接的案子很多，收到的钱却很少。虽然她的工作很多，而且她开价也高，但她的客户就是不付钱。盖尔哀怨地说：“该给我的钱，似乎卡在了他们的银行账户里。”

盖尔试过好几种方式，想要说服对方付款。从写着“请尽快付钱”还装饰了很多笑脸的信，到婉转的催账电话，但都没有用。

她几乎要绝望了，但是，她碰巧发现了一个后来证明极为有效的方法——用烘焙食品来买通他们。“我在送出逾期未付的催款单加上个诱导，如果他们在指定的日期付款，我就会回赠给客户（其实是他们公司的出纳）刚烤好的饼干、巧克力布朗尼、蛋糕，反正是任君挑选。而这个方法有效。”

我们常常表现得好像做生意很复杂，用这种态度来说服自己：我们的策略必须要极端理性，方法要高科技。我们专注于谈判技巧与机谋斗智，念念不忘自己的十八般武艺，或者亮出我们上过的知名商学院名称。

我们忘了，有时候，简单的诱导或报偿可以胜过最复杂的制度。有个哈佛或沃顿商学院的企管硕士学位当然好，但有时候一个名校学位就是比不上一杯冰凉的柠檬水。

一块钱，让股神知无不言

或者，一罐樱桃可乐也有这种效果。在替纽约证交所访问沃伦·巴菲特（Warren Buffett）做电台广告之前，琳达从他的小传中读到，他成天爱喝樱桃可乐。他曾经在可口可乐的股票上大赚一笔，这种事通常会让人对这品牌有一种温暖的、亲昵的感觉。因此在访问前，沃伦被飨以他最喜欢的饮料。他看着罐子微笑。“琳达，”他说，“我会告诉你所有你想知道的事，因为你刚刚给我一罐樱桃可乐。”

一罐汽水多少钱，一美元左右吧？但是这个简单的动作却得以打进股神的心里。

下次，身边亲密的人觉得暴躁不安或者不愉快时，试着给他们一些好时巧克力（Kisses）或者把整盘糖果给他们。虽然科学家还未完全解开巧克力的奥秘，但他们已经知道巧克力含有好几种有机化合物，可以在人脑中制造出愉悦的感觉。譬如，巧克力中的色氨酸（tryptophan）可以让大脑分泌5-羟色胺（serotonin），这是一种可以产生快乐与狂喜感觉的有机化合物。而巧克力中的苯乙胺（phenylethylamine）则可以刺激大脑的愉悦中枢，制造出许多心醉神迷的感觉，如晕眩、诱惑、兴奋。

当然，不是生物学家或是化学家，也可以懂这个道理。我们公司才华横溢的艺术指导之一惠特尼·皮尔斯贝瑞，建议我们给客户巧克力吃。他指出，我们如果嚼着他带来开会的M&M巧克力时，似乎都比较会喜欢他提出来的想法。

几次下来之后，我们开始对客户采用这种美味策略，在简要通报我们的工作之前，慷慨地供应糖果。不管是因为糖果还是我们的好客，客户对我们一些别出心裁的想法似乎比较能接受。我们现在提供的东西已经扩大到包括巧克力布朗尼、饼干和Godiva（注：来自比利时的高价巧克力品牌）巧克力糖。

幽默是一种重要专长

每天早晨在Electrical Products of India公司，员工都会

聚在一起大笑。公司经理向招募顾问麦可·柯尔表示，每天的大笑集会提高了生产力、改善了员工关系，而且减少了压力相关的疾病，包括头痛和感冒。

这听起来可能有些愚蠢，但丹尼尔·高曼表示，有关幽默的研究发现，工作场所中的笑话与笑声有助于激励员工的创造力、提高沟通与信赖。在谈判中，轻松地交换一些有趣的笑话，会增加价格上让步的可能性。

担心工作时开玩笑会让人把你看得不正经吗？再想想吧。高曼的研究显示，那些被认为杰出的领袖（根据其财务表现以及同伴与老板的评价），他们风趣的谈话通常比评价一般的主管多出三倍。这并不是说你必须开始固定练习单口相声，或是在穿便装的周五穿上小丑的服装来上班。

就像高曼所说的，最有效的幽默不是来自打好包的老套笑话，而是友善地谈笑以及随机的幽默。

四处撒糖

海莲妮·史塔宾斯基坐在洛杉矶一家时髦的餐厅，等着要朗诵她的第一本书，名为《顺手牵羊》（Five-Finger Discount）的回忆录。在朗诵开始前，她一直都很紧张，后来则根本是吓坏了。在她之前朗诵的那个人太强了，是位知名的性格演员，表演了非常精彩的片段，逗得观众哄堂大笑。海莲妮也忍不住笑，但也没了信心。“我一直在想，‘我怎么比得上这个家伙？’这根本就是场噩梦。”海莲妮说。毕竟，海莲妮的书里虽然有很多笑话和有趣的片段，但本来就不是要当作单口相声用的。

但是当她站起来朗诵时，海莲妮发现观众的接受度与赞赏是她看过最高的。海莲妮说：“连以前没人会笑的东西，他们也会笑，包括那些我从来不觉得有趣的东西。”

海莲妮发现了职业喜剧演员都很清楚的道理：观众的欢呼喝彩是没有限量的。相反，开场的表演愈好，他们就会愈喜欢接下来的节目。这就是为什么戏院会在明星出场之前，来个暖场节目。任何上过现场录像的深夜节目，像是《今夜秀》或是《深夜秀》（注：大卫·莱特曼主持的深夜谈话性节目）的观众都知道，真正的表演并不是从主持人的独角戏开始的。在摄影机开始运转前，会有位喜剧演员为摄影棚里的观众表演，在雷诺或是莱特曼上场前先暖场。制作人了解，开场的节目不会“耗尽”观众的笑声；相反，这好像是在疏通管线，如此一来会更容易引出观众的笑声。

一位犹太教法典学者曾经说过，我们如果不倾尽我们的所有，就无法得到更多。我们内心都有一杯糖，所以何不施舍一些出来？你会发现补充回来的，是你所付出的数倍。

从别人身上看自己

想想看上次和婴儿玩耍的情形。当你把手放在眼睛前面，她也会跟着做。“模仿”是一种自然的人类行为。透过模仿，人类得以学习、沟通。我们有样学样的自然倾向，意味着我们常会互相“感染”情绪。这也是为什么当你的丈夫开始为了去见母亲而紧张时，你也会开始觉得焦虑；或者何以一位个性随和、活泼的新员工，可以改变办公室里的活力。

好消息是，正面的情绪比负面情绪更有感染力。耶鲁大学管理学院的一项研究发现，欢乐与热情在办公室里散布的速度，比怒气和沮丧快得多。散布这些愉快情绪最好的方法呢？来个大大的露齿微笑，是所有动作中最具感染力的。

琳达是在美容牙科花了一大笔钱之后，了解到这点：

从小，我就没有过杂志上那种完美的整齐牙齿。所以我到长大几乎没怎么大笑过。我非常讨厌我的牙齿。后来我装了牙套，三个月后就有了我梦寐以求的闪亮洁白的牙齿。

现在我经常大笑，而且开始无时无刻不微笑。

当我丈夫把垃圾拿出去丢，我露出了大大的微笑。

当我助理早上给我一杯星巴克咖啡时，我会给她一个感谢的灿烂笑容。

除了参加老姑妈的葬礼之外，我发现每次与人相遇都是微笑的理由。结果是身边的每个人都开始对我微笑。与客户的会议变得比较友善，谈判变得更顺利，同事觉得更受肯定。

而最好的效果呢？一年后，罗苹也去看同一家牙医罗伯特·苏林博士，而现在我才拥有了梦寐以求的最佳事业伙伴。

当你对别人微笑时，其实是将快乐“传染”给他们。心理学家弗利兹·斯塔克发现这一点，是他在一项研究中要参与者用牙齿咬住铅笔，让微笑的肌肉开始运作。当他们在这么微笑的时候，参与实验的人士觉得比他们不笑的时候更有趣。

说白一点，如果你笑着说话，会更容易让你的客户、老板或丈夫接受你的想法。

用礼物敲开心门

你是否曾经想过，为何在你买了一辆新车之后，汽车经销商会常常送花给你，或甚至送DVD播放器？理由很简单：小礼物会让你更喜爱你所购买的大型产品。研究显示，在购买大件商品，像是汽车或电视之后，有收到礼物的顾客，满意度会高于没有收到礼物的消费者。

我们的朋友洁若汀·莱柏恩（Geraldine Laybourne），她是活氧有线电视频道的创办人兼执行长，同时也是有线电视产业的先驱，她也发现了这一点。那时她努力要让卫星电视公司航星通讯（EchosStar Communications）选中她的频道。

“我们为了这个案子已经努力了好几年，不知道有多少次，我们都已经快要搞定了。”莱柏恩说。但最后还是失败。莱柏恩很沮丧，但她还是和航星通讯公司的执行长查理·艾尔根维持友好的关系，不时和他通通电子邮件，或是带着活氧频道的员工拜访航星通讯，提供一些有关女性观众的深入观察。

但，莱柏恩最具启发可能也最简单的举动，是在航星通讯推出一个以猪挑大梁演出的广告之后，莱柏恩的办公室就开始用猪肉产品对其轰炸：周一送煮熟的烟肉，周二是火腿，周三则是带肉猪肋骨，附加一张纸条，上面写着：“要是不想再收到猪的其他部位，就签下活氧频道。”

艾尔根很欣赏这些礼物，但交易还是没做成。“这个方法没有用，但他看到我们很有创意，永远积极，永远有趣。”大约两年后，航星通讯和另外一家女性频道为了提高费率的争议僵持不下。航星通讯的员工马上打电话给活氧。莱柏恩说：“他们说希望和我们做生意，因为我们积极，而且即使有时候感到挫折，我们永远以‘友好的’态度继续加把劲。”在2006年初，活氧和航星通讯签下一纸至少七百万收视户的合约。一点点烟肉，大大有用。

善用你的赞美

有位年轻人曾经问过亚伯拉罕·林肯，常常被要求签名会不会觉得很烦。“当人被奉承时，忍耐度是很大的。”林肯总统如此回答。

林肯这番话现在听来还是跟将近两百年前一样正确。我们都喜欢赞美的话。但常常我们都不轻易赞美别人。琳达回忆：

当我在另一家公司工作时，我给自己买了一套漂亮的新套装。

我真的觉得很得意。我才刚生完孩子，还在努力把体重降下来，穿上这套装让我觉得很棒。但是一整天，没有人跟我提到这套衣服。

我觉得失望得不得了。最后，我主动问了一位同事，为什么都没有人提到我的套装。他冷冷地看着我说："这不就是律师套装。"

就是这么一回事，大家都不敢对同事与熟人说出即使是最无害的恭维。或许是害怕对别人的衬衫或发型说一句友善的话，可能会让对方会错意。我们都需要放轻松点。如果你不停告诉比你年轻二十岁的助理，他的胸肌有多棒，那肯定可能会听到一些抗议。但大多数的情况，对别人说他们看起来很好，或者他们的个性很吸引人，几乎效果都非常好。

有些人对赞美别人却步不前，是因为他们担心看起来会很假，或是在拍马屁。

但告诉你一件事：如果你担心赞美会看起来虚假或是

像在讨人情，那几乎就可以肯定人家不会这样看待你。你会担心这点，正表示其实你不是那种滑头、会故作热情的人，你不会表现出那种样子。

但如果你是那种突然开始送人巧克力，赞美别人的发型，就会吓到朋友与同事的可爱小气鬼，该怎么办？其实，让周围变得温柔一点，这种事的最妙之处，就在于你只需要散播一小撮甜头就做得到。而且如果别人都知道你是个古怪又暴躁的人，那出自你口的赞美和笑声就更有意义了。

凯伦是一家中型企业的总裁，脾气不好。当她感到有压力时，就会大骂周围的人。她试图要收敛这种批评和态度，但在怒火中烧的当下，她就是没有办法。

所以凯伦学着做补偿。首先，当她控制不住脾气时，她都会道歉。更重要的，她把赞美员工当成每天的习惯性事务，不只是跟他们说声“做得好”。有位凯伦的前员工说：“当你把事情做对了，凯伦会让你觉得自己是世上最聪明、最有能力的人。她热切地赞扬你，提高你以后在面对她刻薄或挑剔时刻的免疫能力。你会受得了，因为她之前已经大大提高你的信心了。”

凯伦依旧维持她一贯的尖酸，但会给员工所需要的更温和评语。善良的力量在于亲切宽容，不是假惺惺。

@小提示

善意投资入门：练习微笑，像呼吸一样自然

研究显示，微笑这个简单的动作确实可以让你觉得快乐些，对周围的人也是。所以尽量养成多微笑的习惯。为了练习，可以对着街上看到的陌生人微笑。如果你住在一个拥挤的城市，每个人通常都是行色匆匆，那就在每个街区选一个人。从小孩子开始，或者小狗，然后对着看起来友善而且能够接受的成人微笑。一段时间后，即使面对看起来最易怒的人，你也可以展开微笑。对方可能会、也可能不会回礼，但那不是重点。你想要让微笑变得像呼吸一样自然。

善意投资入门：学搞笑，不要冷，不过热

不是职业的喜剧演员也可以让别人笑，但观察演员确实有帮助。研究你最喜欢的喜剧电影或电视节目；不仅要记下其中的笑话，还要记得时间的安排和节奏。然后找机会在朋友和同事的面前照着做一次。重点不是要剽窃别人

的创意，在说笑话的时候可以说明来源，重要是要练习让别人发笑。

当然，被联想到具有乔恩·史都华或威尔·法洛的机智风趣也不是坏事（注：乔恩·史都华，喜剧演员出身的电视节目主持人，谈话善于嘲讽挖苦；威尔·法洛，喜剧演员，曾演出多出电视剧与电影，曾模仿美国总统小布什而大受欢迎）。但有一点要注意：这种习惯可能会变得太夸张。如果你一直模仿电视人物捏起鼻子讲话的怪腔怪调，同事的兴趣很快就会消退了。

善意投资入门：在你的办公桌或附近藏一些小块糖果

如果来和你碰面的人似乎看起来紧张、疲倦或暴躁不安，打开抽屉，分他一块士力架巧克力（特别推荐的是手工饼干）。

第五章　帮助你的敌人，用善意

帮助对手。

这可能是你为自己所做的最有价值的事情之一。

善意是回应对你不义的人最安全的方式。

——拉格洛夫

当玛拉刚进电视圈工作时，她遇到一个非常可怕的老板。

玛拉说："他真的相信要把员工压榨个干净。等到有人因为精疲力竭而辞职，他就再找一批新人继续压榨。"这个老板甚至苛刻到曾经请来护士，为员工免费注射维生素B_{12}，维护他们的健康，好让他们可以做更多工作。

后来，玛拉从开发部门转到制作部门，多年之后，她成了好莱坞一家大制片厂的高级主管。你可以想象几年后，玛拉知道前老板要向她上报提案时，她有多意外。情势完全逆转，她现在握有接不接受前老板计划的权力。

“啊，好爽啊！兴奋啊！我竟然有机会将他以前对我和他底下每个人所做的事，报复在他身上，想到就让我浑身发抖！但接下来我听到脑子里出现我母亲的声音：‘用宽容仁慈杀死他。’”

而她也的确这么做了。

“我亲自端咖啡给他，而不是叫我的助理送来。当场我就可以看出他眼里的狐疑。我问候起他的小孩时，他真的很紧张。”她说，“然后，在汇报提案时，我让他真心诚意地介绍，而我也专心地聆听。”

让玛拉松一口气的是，那个构想很恐怖，所以她很容易就可以老实地拒绝。但她还是写了篇礼貌的短笺，谢谢他花了时间，也让他知道，她永远欢迎再来向她交提案。

数年后，玛拉在进行一起非常大的电视交易案。玛拉说：“我非常热爱这个计划。我知道如果拿到这个案子，我的事业会再上一层楼。”所以当她知道是谁来决定结果，她像是被雷打到——正是前老板！

“这次他坐在权力宝座上，但因为我用仁慈征服他，已经将关系逆转了。”玛拉说道，“虽然我确定他永远也不会得到最佳礼仪奖，但他还是对我展现了适度的尊重，而且，最重要的是他同意了我所需要的交易！我从来没有这么高兴，自己听了母亲的话，忍住报复的冲动。”

玛拉接受了一个对事业与人生有极大帮助的处世原则：帮助对手。这可能是你为自己所做的最有价值的事情之一。

我们生活在一个零和博弈的文化中，你赢，就表示我输。任何一年，都只能有一位总统、一位奥斯卡最佳导演得主、一位十项全能运动金牌得主。这些大事会成为头版头条，但绝大多数人的人生，却根本没机会成为白纸黑字的标题，也没有女性会因为“担任配角的最佳家庭主妇（Best Suburban Wife in a Supporting Role）”而得奖。

我们的文化强烈要求我们彼此竞争对立。生意人阅读商业杂志，好了解他们的公司和对手谁占优势。父母亲激烈地争夺名额，好让孩子可以进入最好的幼儿园。对于那些和我们一起追逐相同事物的人，我们视之为敌人。这就是为什么当我们听到别人的好运时，有时候会觉得有些泄气。当我们看到竞争对手表现不力时，有时候会感到一种邪恶的快感。

但，究竟谁是敌人？世界上几乎没有几个我们能真

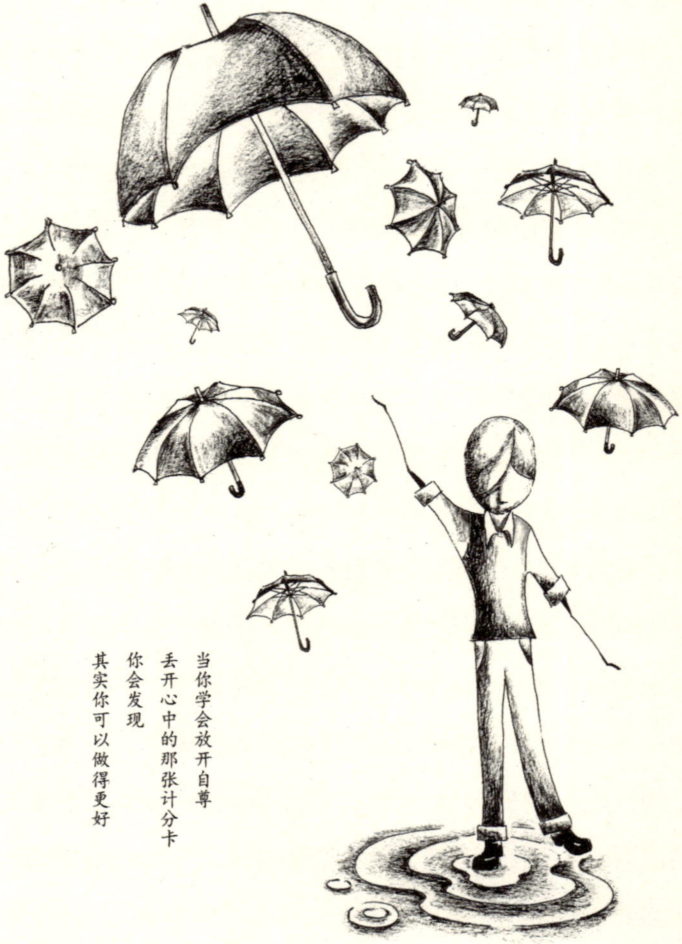
当你学会放开自尊
丢开心中的那张计分卡
你会发现
其实你可以做得更好

的确认为敌人的。我们或许可以说是危害世界的恐怖分子，但大多数我们认为是“敌人”的，其实只是伤害我们自尊心的人，如在升迁中打败你的同事，或者那个竟然有种抛弃你的男朋友。这也是为什么离婚会搞得那么难看，没有一对离婚夫妻真的在乎谁拿到巴瑞·曼尼洛（Barry Manilow）的畅销精选；前夫或前妻只是在猛烈攻击对方，因为他们的自尊受到伤害。

当你学会放开自尊，丢开心中的那张计分卡，你会发现其实你可以做得更好。因为人生大多不是人我对立，大部分的时间，我们是团队合作，互相配合，这就是文明的意义。或许只有一个总统，但得有五百三十五位国会议员才能让我们的立法机构运作。你和同事或许会进行一场友善的竞争，看谁的销售纪录比较好，但如果希望公司的营收和股价上扬，你们两人其实都必须表现良好。

热门电视连续剧《六人行》的演员换约方法提供了一个很好的例子。剧中演员知道他们可以提高谈判的筹码，以及他们的银行存款——如果他们团结在一起谈判薪水，要求每位演员领取相同的酬劳。他们原本可能会展开一场自我意识大战，争论到底是珍妮弗·安妮斯顿（Jennifer

Aniston）还是莉萨·库卓（Lisa Kudrow）才是连续剧的头牌明星。然而，他们放下了计分表，因此延长了连续剧的寿命。而且，当然，赚了一大笔！

eBay上领悟的人生真理

要进一步了解为何合作是更有力的策略，可以回想一个熟悉的心理学实验“囚犯的两难（The Prisoner's Dilemma）”。在实验中，有两位参与者（囚犯）和一位庄家（警察）。每个参与者都拿到两张卡，一张写着“配合同伙”，另一张写着“背叛同伙”。每个扮演囚犯的参与者被分开审讯，彼此不能见面的囚犯必须决定要不要与同伙合作，但他不知道关在隔壁的囚犯所做的决定。

如果两名囚犯彼此合作，也就是坚不吐实，就会各得三百美元；如果两人都背叛同伙，也就是供出对方，就会被各罚十美元。所以，如果另一人做同样的选择——都招供或都不招，就算配合同伙。然而，如果一名囚犯坚持与同谋继续合作，另一人却背叛同伙，那背叛同伙的可赢得五百美元，而坚持与同谋继续合作的罪犯则会遭到“受骗代价（sucker's payoff）”一百美元的罚款。

按：该实验原来是假设两名犯案的同党同时被捕，被分别关在两个不能互通信息的牢房里进行审讯。假如两人皆保持沉默，死不招供的话（也就是与他的同伙配合），则由于证据不足，两人皆只会轻判一年；但只要其中一人供出他的同党（即背叛他的同谋），他自己会获得释放，但另一被出卖的囚犯就被判二十年。如果两人都招供的话，则会各被判五年。

一开始，背叛似乎是最好的选择，因为奖金最高且处罚最低。事实上，背叛是最佳选择，但前提是这个游戏你只玩一次。而研究人员发现，一般人玩这个游戏几次后，他们会开始合作（两人都坚不吐实）。这种游戏是一种自我监督，没有人可以长时间背叛（老是供出同伙），却不会遭到其他参与者的惩罚。参与者很快就了解，确保成功的最佳策略，就是放弃五百美元的大额奖赏，持续拿三百美元的奖金。

任何曾经在eBay买卖过商品的人都了解这个原则。假设你想拍卖祖母的古董花瓶，而花瓶虽然漂亮，背面却有个大裂缝。如果你疏忽了，没在说明中提到这个裂缝，花瓶的售出价格或许会比较高。但是，如果你这么做了，就别想要在这个网站上卖其他东西了，因为eBay设计出一种方式来惩罚骗子，奖励合作的人，这个设计就是“信用评价”。买家和卖家会在上面发表对交易的评价，公布他们认为对方是否诚实以及适合进行买卖。收到瑕疵花瓶的人肯定会公布你的说明不实，然后你就会发现几乎没有人想跟你做交易了。

在eBay与真实人生中，背叛只有短线的效果。因为在人生的多数情况下，你和别人不会只接触一次。在与可能的新事业伙伴或相亲对象碰面前，我们会做什么？我们会上Google网站去搜寻他们的数据。在这个信息发达的时代，你没办法恶劣待人而可以侥幸过关的。同样的道理，我们的实时通讯系统，也可以帮助拥有良好声誉的人，同时令朋友与对手都留下深刻印象。

接下来，是我们过去几年与别人合作，甚至化敌为友后所学到的一些策略。

是对手让你更杰出

罗苹非常热爱滑冰，她知道要赢的最好方式，就是拿出你最好的表演。滑冰选手知道，观看竞赛从来就不是他们最开心的事。因为别人表现多好或多坏，你根本无力改变；你只能依靠自己的表现获胜。把时间花在想“好吧，她要这么做，那我就那样做吧”，只是在浪费力气。这会削弱你的信心。而且事实是，如果你的竞争对手在两圈半艾克索跳跃时跌倒，也无助于你成功完成这个高难度动作。

每个人每天能用的精力有限，所以你得想想怎么善用这些精力：是让你的表演尽善尽美，还是设法把别人拉下来？每当你把各自力求表现的滑冰表演变成你和竞争对手对决的拳击赛，你就离奖杯又更远了。把你所有的时间花在与对方搏斗，是让事业失败最快的方法，因为你已经不再努力扩展。你把精力花在击倒别人，这会使人精疲力竭，且一事无成。

有一家大型食品公司邀请凯普兰萨勒集团和另外一家

公司竞标一桩新的业务，让我们发现滑冰的规则如此适合应用在事业上。

客户希望我们合作并分享信息，所以我们一起参加脑力激荡与研究会议。但我们各自设计自己的活动，毕竟我们是为了这个工作而彼此竞争。不过出现了个小意外，客户希望有个人可以出面，统一协调信息的流通，确定每个人都可以拿到各式各样的电子邮件、传真、会议计划表等，而他们将这个重责大任交给罗苹。

当然，我立场应该要客观，但我怎么可能完全客观？我有权力选择要分给另一个团队的信息。我可以决定哪些会议他们可以参加、哪些他们不能参加。而我只要推托说："哎呀！你没收到我的电子邮件？好奇怪啊！"

我们对能不能拿到这个案子感到很不安，另一个团队的人非常聪明且很有才华。但我们在第一天就做了一个重要的决定：我们经不起将注意力浪费在工作以外的事情，一秒钟也不行。把时间花在想办法排挤竞争对手，或者耍手段设法赢过他们，不会有什么用，只会提高我们失败的几率。所以我们把所有收到的信息都与他们分享，而且邀请他们参加所有的会议。

当我们听到他们一位主管飞到西岸，与客户的执行副总裁开“秘密会议”时，我们还是默不作声，坚持将政治手腕摒除在大脑之外，只是专心工作。

然后到了结果揭晓的时刻：我们接到电话，而且轻易地赢得这份业务。尽管另一家公司先前与客户有紧密的关系，但到最后，还是努力，而不是耍手段让我们拿到这个工作。而我们可以与竞争对手一起工作得这么顺利，也赢得客户的赞美。

老实说，有时候有个对手存在，有助于激励你。

你可以赢得更漂亮

赛跑选手在比赛时确实会跑得比练习时快。但即使是在一场难分高下的竞赛中，还是可以有“美好的”行为表现。

就拿1984年奥运会女子三千米决赛中，著名的玛莉·黛克尔（Mary Decker）与佐拉·芭德（Zola Budd）碰撞事件来说。美国选手玛莉·黛克尔是比赛的大热门，但代表英国出赛的南非籍选手佐拉·芭德也是不容忽视的竞争者。在一千七百米处，芭德不小心阻挡到黛克尔，导致她跌倒。芭德继续跑，而黛克尔却含泪倒在跑道上。饱受嘘声伺候的芭德心慌意乱，最后只跑出了第七名的成绩。她后来一直没办法挽回已经受损的名声，甚至再也没有出现在国际竞赛场上。

想想看，如果在那一瞬间，芭德停下来，试着帮忙扶起黛克尔，她的一生会有多大的不同。她或许拿不到金牌，但她会成为举世知名的英雄。

恭维对手，你才伟大

在2005年的全美记者俱乐部（National Press Club）的一个小组讨论中，有人听到金里奇（注：Newt Gingrich,前美国众议院议长，共和党籍）赞美参议员希拉里（Hilary Clinton），说些像是“希拉里参议员对极了”以及“希拉里的方向非常正确”之类的话。

到底是怎么回事？在上世纪九十年代中期，身为众议院多数党领袖的金里奇退回希拉里推动的医疗健保提案，还对她丈夫（即克林顿总统）发动弹劾。现在他们突然变成好朋友了？

原来，这两个前政敌对许多医疗保健政策和军备的看法相同。还有什么方法比两个对立的人组成奇特的伙伴关系，更能够传达他们的讯息？

金里奇与希拉里知道，在这些议题上一起努力，会比互相扯后腿的竞争更有利。我们不会欺骗自己，以为这就代表着民主党与共和党的关系将会永远和谐下去，但如果金里奇与希拉里至少能够合作一段时间，意味着将来我们和敌人之间肯定可以再找出共同点。

索尼和三星的高级主管也了解这一点。两家电子大厂多年来一直处于激烈竞争的状态，两家公司的成功，分别代表着日本与韩国的国家骄傲。因此，当两家公司开始一起开发平面电视时，许多人大感意外。两家公司的领导人认为，彼此可以从对方的优势中获益。三星的技术比较先进，但索尼则善于将这些技术应用在消费产品上。共同合作，两家公司可以提升他们所有产品的质量。

一旦你摆脱“只要有人赢，就一定有人输”的想法，奇妙的事情就会发生。看看三大男高音。歌剧界向来是女高音的天下，谁会想得到歌剧界的三位巨星会同台演出？但是当帕瓦罗蒂、多明戈、卡雷拉斯共享舞台上的灯光时，却提高了他们的名望，创下史上最畅销的古典音乐专辑销售纪录。

今天的敌人，明天的盟友

在美国独立战争时，华盛顿坚持军人一定要善待俘虏。即使是战俘自己，都对受到如此人道的待遇而感到震惊。在《华盛顿的生死一战》一书中，历史学家戴维·费雪（David Hackett Fischer）引述一段华盛顿对陆军中校韦布（Samuel Blachley Webb）说的话：“你去负责照顾英军的士兵……以人道对待他们，让他们没有理由控诉我们在重演英军对待我们不幸弟兄的残暴行为……提供他们返家途中一切所需。”

华盛顿不只是个光明磊落的人。他知道这些俘虏有可能是才创立的美国第一批公民，他希望他们能够转而站在殖民地居民这一方。而在战后，他们有许多人也确实如此。

华盛顿比我们大多数的人要高瞻远瞩。因为在我们高度竞争的文化中，很容易就会忘记三人就可成众。

你最喜欢的家乡棒球选手成了自由球员，却被签到主要竞争对手的球队去。你在办公室里最好的朋友，过去在直接对手公司那边工作。但我们日后遇到同样场景，还是会跺脚顿足，宛如我们的对手永远是我们可恨的敌人。

在真实世界中，敌友关系一直在变化。举例来说，在广告与公关业界，我们与其他公司直接竞争，争夺工作机会。但我们也知道，这些公司也可以是非常珍贵的朋友。所以即使我们为了一些案子而彼此竞争，我们也不时彼此帮忙，提供一些我们不会参与竞争的一些客户线索。我们在李奥·贝纳广告公司（Leo Burnett）的朋友，在他们无法参与争取业务之后，把我们介绍给美国联邦银行。我们也将一家航空公司介绍给我们在上奇广告（Saatchi）的朋友罗伯兹，因为我们已经有大陆航空这个客户了。在商场上，其实并没有所谓敌人这回事。而这也是为什么罗苹在离开前东家、帮助琳达创办凯普兰萨勒集团时，一直保持低调。

我的一位前同事嘲笑我们的新公司，说："我赌她们会彻底失败。"这段闲话让我很生气，而且反击的冲动很强烈。但很幸运地，我没有这么做。报复机会在几年后出现，那时我回去拜访前东家，公司里一些最能干的员工把我拉到一边，问我："你们那里有没有我可以做的职位？"

于是我就雇用了他们。而现在他们是我们公司非常重要的资产。如果我报复前东家，就没有机会再与同事聚首，并拥有他们才干所带来的好处。

敌人往往是另一个面向的朋友

比尔·克林顿接受罗德奖学金（Rhodes Scholarship）

搭船启程往牛津大学时，握了船上每个人的手。当时有人问他为什么，他回答说，有一天他想要当美国总统，将需要很多朋友。

克林顿知道“你得要有朋友”才能在这世上成功。我们也都一样。所以，现在和你的对手当朋友，而且要在他们有机会变成你的敌人之前。

我这里有个现成经验：在广告业界，客户会聘用营销研究公司来测试广告公司的广告。营销研究公司有权力扼杀广告公司的创意。广告公司的创意人员常常觉得，研究公司的建议会稀释他们的创意，而使之失色。你可能对优异的新广告洋洋自得，但可能只听到研究公司说：“不行，很抱歉，新泽西有三位女士不喜欢你们的广告。”这令人有挫折感，自然会产生一种对抗的关系。

我们过去也倾向有这样的感受，直到通过美国家庭人寿的关系，开始与杰瑞·路克曼（Gerry Lukeman）合作。杰瑞是市场研究公司益普索（Ipsos-ASI，全球最大的广告投放前测试服务商）的荣誉退休主席，而这家公司在广告测试业界的占有率相当高。我们后来想到：为什么我们要把他当敌人？他可以帮助我们。所以，我们做了一件在业界非常不寻常的事，我们请他在我们拍摄之前，先来帮我们检查影片拍摄的流程图板。他给我们很棒的意见，我们接着就拍出一部突破性的广告片。

当有人质疑或是销毁你的创意时，你可以把他视为敌人；或者，你可以把他当成在督促你做到最好的人。1950年代，罗德·瑟林（Rod Serling）想要拍一系列有关种族隔离、反犹太主义以及贫穷等议题的电视连续剧，而电视公司给瑟林的答案就是断然拒绝。所以瑟林就以科幻片来包装他的道德剧，拍出了《阴阳魔界》（The Twilight Zone）这部脍炙人口的电视连续剧。而他在电视公司的“敌人们”，最后却是让他拍出远比说教的道德剧更好、也更受欢迎的连续剧的推手。

这也是为什么在每一次可能的对抗中，你的敌人可能是你最好的朋友。

换个角度，敌人变成跟你同一边

共和党近几年来可以做得这么好，其中一个原因是他们非常善于设计辩论议题。大多数的美国民众都支持征收“遗产税（estate tax）”，觉得这只会影响到那些非常有钱的人。但是当共和党人成功地动员一些媒体界和政坛人士，将之称为“死亡税（death tax）”后，支持度骤然下降。嘿嘿，我们都会死，所以死亡税可不是富人独享，而是人人遭殃。

共和党人士不再谈全球暖化，他们现在只用“气候变化”这个无害的词语，因为暖化已经成了民主党格尔的代名词。至于相信上帝创造论胜于达尔文进化论的人，则被该党形容为赞成“智能设计论（intelligent design）”。（按：大自然万物是如此复杂，必不可能是千千万万年演化而来，而是后面有一位智慧万全的上帝运用“智慧设计”设计出现在的所有一切。小布什笃信此说，在2005年8月1日宣布“智能设计说”学校要教，至少要和演化论一样，学生才会了解世界的真正起源。更难想象的是，在某些州某些学校，演化论已被推翻，学校只教创造论。）

无论你同不同意共和党，都可以从他们非常成功的政治活动中学到东西。不要告诉别人你反对什么，而是要告诉他们你支持什么。你可以给任何谈话装上新的框架，结果就能把反对者拉到你这边。

就像杰·雷诺说的那个笑话："你可以说'把该死的窗户关上'，或者可以说'这里会不会冷啊'。用'这里会不会冷啊'的确比较有效，因为你是在问一个别人可以有所响应的问题。"

你也可以把关窗户当成是别人的意见，而我们已经知道，这是让你的意见被接受的一种最佳方法。如果有个客户不喜欢一个我们觉得非常好的广告，我们会问他该怎么改善。如果我们喜欢他的意见，我们可能会说："我从来没有想过这样。把你的创意加入广告中，可能会好很多。"一旦他们的看法被采纳，他们就会接受，当然，百分之百支持你。

跟小孩学善意

这些都是很简单的动作，例如挥手打招呼、带花去参加晚宴、互碰杯子。但动作的起源却显示了人性中非常深层的意义。每个动作都是为了要告诉别人："我不是小偷。”我们的祖先可能会举起手，挥手打招呼，好让人知道他们没有武器。带礼物到邻居家，是要证明他们进入邻居的领域是带着善意的。而啤酒杯相撞，这样啤酒才会一起溅出来，大家就会知道没有人会被下毒。

我们是一种没有安全感的物种。这就是为什么你需要做些努力，帮助别人放轻松，并证明你是朋友。肢体语言会大声说出真相。有很多方式可以告诉别人“我没有武器”。从你的办公桌前站起来，坐到访客的身边是一种。开放的肢体语言，像是手臂和腿不交叉，又是一种。偏着头意味着“我有兴趣”。摊开双掌是在告诉别人“我对你坦白”。

另外一种学习诚实与信赖的方法，就是观察你的小孩。琳达和他丈夫佛瑞德，在美国全国学生西洋棋锦标赛学到这一点。

一年级的冠军赛最后由两个男孩对决。明显占上风的那个男孩，犯了一个重大错误：他在下了一子之后，忘了按下计时钟。除非他发现这个错误，否则他的时间用完，就会输了这场比赛。

教练紧张地在室内踱步，观众安静无声，没有人可以去提醒男孩去按下计时钟。室内惟一能够提醒他的，就是他的对手——坐在对面的另一个六岁男孩。而他可没有义务要这么做，他何必呢？如果对手没有按下计时钟，落居下风的他就可以赢。

随着钟继续走着，每个人都屏息以待。结果对面的男孩靠过去，在对手的耳边低声细语，这名对手随即按下钟；他后来赢了比赛。

那个输了比赛的男孩是琳达和佛瑞德的儿子麦可。

后来，佛瑞德问儿子："你为什么这么做？你本来可以赢的。"

儿子对爸爸说："我不想靠这种方式赢。那不是真的赢。"

而他说得对。我觉得我从没有这么以他为荣过。

接下来那个礼拜，在一场父母受邀参加的全校集会中，西洋棋校队的总教练向观众表示："我想表扬一位真正的冠军。"然后他转向麦可。礼堂里的每个人都站起来。这是麦可（还有他骄傲的双亲）一生中最光荣的一刻。而且最后，他拿到了他所想要的——被选为优胜者的荣耀，成为其他学生模范的光荣。

@小提示

化敌为友，第一式：

找出那个最会惹毛你的那个人。然后试着找出你可以真心说他好话的事。下次看到他的时候，说出这项赞美。再对第二不爽的人重复同样的步骤，然后第三不爽的人，依此类推。

化敌为友，第二式：

列出三个竞争激烈的对手。针对每个人，写下某些你可以帮助他们，但又不会妨碍你的事业、活动之类的事。下次有机会的时候，提供你的援助。

化敌为友，第三式：

一个星期找出一天完全“无八卦”。不要读商业杂志、报纸财经版、你喜欢的内幕消息网站，以及任何会让你为自己和别人打分数的东西。渐渐地提高到每周两天，逐步推进。

第六章　讲不伤害的实话是善意

说谎所消耗掉的精力无比惊人，而且会对你的智力与体力造成损害。

人的善意往往能带来良性的关系互动，好的品性，幸福的生活。

——克里希那穆提

第二次世界大战期间，艾森豪威尔将军会固定地在车队中巡视。有一天，士兵们正准备要上战场，艾森豪威尔注意到有个年轻人看起来沉默又沮丧。

“你还好吗，孩子？”他问。

“将军，”他说，“我紧张得要死。我两个月前受过伤，昨天才刚从医院回来。我觉得不太舒服。”

许多将军可能会想办法让这个吓坏了的年轻人提振精神，说出这类的话：“你不必害怕。在你后面有全世界最好的军队。”但是艾森豪威尔却说：“那这么说，你和我还真是绝妙的一对，因为正好我也很紧张……或许我们一起散步到河边，对咱俩会比较好。”

艾森豪威尔以最谦卑的方式展现自己，而这也是军队会对他如此忠诚的原因之一。他会成为伟大的领袖，并非因为严格和令人生畏，而是因为诚实又有人性。“他的笑容、他的独特风格、对生命的态度，都散发出真诚。他真情流露，光明正大。这或许和他的职务性质有点矛盾，他是基于这样的理由而成为杰出的外交官。然而在这个行业，要保密的事实与半真半假的话应该是比较有价值的。”历史学家史帝芬·安布洛斯（Stephen Ambrose）在《最高统帅》书中如此写道。

对我们来说，艾森豪威尔的成功，无论是身为将军还是外交官，一点都不矛盾。相反，我们相信诚实是任何事情成功的基本条件，不管是指挥军队、经营事业、安排教会联谊或是教养小孩。

达特茅斯认知神经科学中心主任葛詹尼加（Michael S. Gazzaniga）表示，所有的人类社会都有一些普遍的道德责任。“其中最重要的，”葛詹尼加指出，“是所有社会都认为谋杀与乱伦是错误的，儿童应该受照护而不可遗弃，我们不应该说谎或违背承诺。”

当然，我们都知道说实话是好事。每个地方的学生都学过华盛顿与樱桃树的故事。但即使我们告诉孩子“诚实为上策”，许多人还是认为，如果我们有时候能够将实话加以包装或甚至不公开，人生可以更上一层楼。我们担心告诉别人他们不想听的事情之后，可能招致反弹。因为我们不想伤害别人的感情，所以把嘴巴闭得紧紧的。我们发现，有时候善意的谎言比较快也比较容易。我们隐藏自己的情绪，或者设法不让别人知道我们的感觉或想法。

事实上，说实话是获致成功最有效的方法之一。马克·吐温曾经写道：“说实话的最大好处，就是你永远不必去想要说什么。”

你诚实，周围的人就诚实

如果你不希望从别人那里听到实话，你也就没有办法说实话。假如你是主管或老板，这点特别重要。你必须创造出一个环境，让员工能够放心地告诉你，你自以为充满创意的高明点子其实没有半点用；或者你所说过的那个有点粗鄙的笑话，可能会让某个守旧的客户或是同事觉得不舒服。

在《愚人的阴谋》一书中，作者艾肯沃德（Kurt Eichenwald）详细描述了一个场景，叙述安然（Enron）的零售部门主管白罗在向总裁杰夫·史基林（Jeff Skilling）解释，何以他的部门一直无法有大规模的获利。他以投影片解释：

投影片上的内容和史基林以前已经听过的一样。因为固定成本高，因此该项业务的潜在利润率偏低。白罗开始解释这些数字，但史基林不想听。

"白罗，你对这个数字，真该死的太聪明了，"他生气地打断，"我不想再看到这个投影片。"

白罗表情僵硬地说："杰夫，这是事实。"

"我就是不想再看到那个投影片。"

白罗猛然拍桌，说："这就是那该死的事实，杰夫！"

"这或许是事实，"史基林吼回去，"但我不希望你这样想。"

当安然的主管不想听实话，他们对员工释放出这样的讯息：谎言。捏造数据，做些挪动，在会计账上动手脚。问题是，一旦开始不认真面对事实，你就走上了不安稳的斜坡。说了一个谎话，就必须再说一个更大的谎，来掩饰第一个谎话。很快，你就会把所有的时间和资源都用在应付谎话，而不是在建设一家企业。说谎话所消耗掉的精力无比惊人，而且会对你的智力与体力造成损害。为什么测谎器有用？因为说谎时，你整个生理机能会改变，包括心跳频率、呼吸次数、血压、出汗。测谎器可以读出你身体的警报系统在启动。

别硬撑

广告公司高级主管巴丝金和客户在优比速（UPS）总部的电梯中，一起去开会。巴丝金向客户寒暄，结果客户突然哭出来。

“她告诉我，每天清晨，她三岁的儿子都会站在她的淋浴间外啜泣，因为她早上六点就得出门上班，要到晚上七八点才会回家。这状况让她感到很受折磨。”在亚特兰大的族群广告公司（Tribe Inc.Advertising）担任执行长的巴丝金说。

许多人遇到这样的情绪爆发，可能会觉得害怕且尴尬。毕竟在企业界，办公室里头掉泪可是最大的禁忌之一。但巴丝金并没有退避三舍；事实上，她还给客户提供一个工作机会。“我们一起吃午餐，然后我告诉她我一直想找个人，可以管理我的广告公司，而且最后可以担任总裁。她马上说：‘我可以！’”因此巴丝金就给她这个工作。她说：“这是我做过的最好的求才工作。”

这似乎有点像是冲动之举，毕竟巴丝金和她的客户只开过六七次会议。但巴丝金注意到，她在非常严肃又保守的UPS总部中，四处走动的方式：“我看到她会拍拍别人的肩膀。她非常温暖而热情，在那个非常拘谨的环境很引人注目。”

温暖而热情，这就是成为公司总裁的方法？好吧，当然不是所有的公司。在近来几件企业丑闻中，你可以断定那些戴着手铐被从办公室押送出来的高级主管，他们的履历上面不会写着“温暖而热情”。你也可以确信他们从来没有在别人情绪爆发流泪后，聘用他们。

但巴丝金对于客户有勇气向她展现真实情绪感到印象深刻。她知道能够展现真实感受的人，对公司是一项资产。当然，这可不是一般人的看法。商界有种看法，认为为人处世最好的方法就是冷静、不露情绪。我们回想起有位老板，在一场重要的会议之后，会一脸胜利的表情靠过来说："看吧，约翰表现出他真正的情绪来了。"好像老板赢得大胜利的样子。我们还记得有位同事，在与客户开完会后，得意洋洋地说："我们真的骗过他了。"

这种策略的问题是，善于隐藏自己情绪的人，可能也非常善于欺骗。简而言之，这种方法可能会有好效果，他们或许可以气势汹汹地闯入别人的办公室，而获得工作，或者从没起疑心的客户那里赢得案子。但随着时间过去，客户与同事会发现这个人不能信任，到时候大门就会被关上，机会也会流失。

像巴丝金这样尊重诚实面对情绪的人，在企业界相当罕见，但随着愈来愈多女性在重要企业中担任决策角色，或许她的方法会逐渐风行。

不懂的，别装懂

赖瑞·金（Larry King）第一次主持电台节目时，他说他嘴巴好像装满了棉花。他太紧张了，以至于试了三次才有办法开口讲话。他在《妙语十二诀：CNN脱口秀名人赖瑞·金传授窍门》书里面回忆，当他终于能开口说话时，他说："早安。这是我在电台的第一天。我一直希望能够当广播主持人。我整个周末都在练习。十五分钟前，他们给我取了个新的名字。我的片头音乐准备要播了，但我口干舌燥。我很紧张。电台经理刚刚踢开门，对我吼：'给我出声！这是传播业！'"

这样展开广播生涯似乎有点奇怪，但赖瑞·金知道，如果他对听众坦率诚实，就比较有机会让他们站在他这边。而这就像魔法一样有用。

在商场上，你常可以听到"佯装作假直到成功"这句话。你在进门时理应是来势汹汹、虚张声势，然后才会知道你见鬼的要做什么。我们认为，这其实是很糟糕的建议。就像罗苹一直告诉我们的同事：

在我还能帮得上忙的时候，找我。我从来不会去苛求一个来找我说“我不知道这要怎么做”或“我茫然无头绪”的员工。但如果有人等到客户会议前的二十四小时，才说他们时间不够，那我们所能做的就是一起悔恨。

练习直觉，相信直觉

在某种程度上，你一定知道如何从一堆怪人里分辨出诚实的人。每当你遇到新认识的人，内心深处就会有个声音告诉你“他还不错”或者“我不相信那家伙”。伍迪·艾伦曾写过：“有些人是你爱的，有些人你只想狠狠捏他一把。”

我们是怎么做出这么迅速的判断？因为我们可以侦测出对方的非语言肢体讯号，能告诉我们可不可以信任这个人。对有些人来说，理解肢体暗号是一种职业需求。举例来说，扑克牌玩家会告诉你，如果一个人目光朝下，往左看，他们就是在说谎。

我们可能没有职业扑克牌选手的那些技能，但在深处，我们都有可靠的直觉，让我们可以在别人对我们不坦白的时候察觉出来。哈佛心理学家马莎·史图特（Martha Stout）表示，幼童因为语言能力尚未发展完全，他们更仰赖非语言的讯号，如肢体语言和声音语调。也是因为这个原因，幼童和狗一样，比大人更容易发现不诚实的人，或者有反社会性格的人。

令人意外的是，即使是脑部受损的人也有这种能力——有时候甚至比健康的人更敏锐。神经病学专家萨克斯（Oliver Sacks）有一天经过医院的失语症病房时，意外地听到病人哄堂大笑。什么事这么好笑？他们在听电视上一位政治人物发表演讲。患有失语症的人是无法理解话语的，但他们却惊人地善于判读视觉讯号。因此，即使他们无法理解演说的内容，他们还是从政治人物的脸部表情和他的声音语调，知道他在表演，知道他在说谎。句子结尾语调骤然停止，手势不真诚，对他们来说，这政客看起来像个丑角：演讲就成了一出有弦外之音的高级喜剧。

结果，我们其他人反而要接受训练，重新找回我们在儿童时期丧失的能力。加州大学心理学教授埃克曼（Paul Ekman）表示，即使是最高明的骗子在脸上也会泄露出一定的蛛丝马迹，一闪而过的表情就能显示出撒谎。埃克曼表示，任何人都可以学会察觉这种细微的表情，因为在言语与情绪之间的短暂落差，而他的测谎系统训练成功率有百分之九十五。

我们的心智有一套不同于理性大脑、解读周围事物的方法。根据《情商》作者丹尼尔·高曼的说法，如果你想决定到底要不要接受在达拉斯的工作，或者和在你姐姐婚礼上遇到的那个人约会，纯粹用逻辑是没办法下决定的。你必须接触自己的情感、内心，那是你身体自然的警报系统。通常，直觉本能会引导你避免做出坏的决定——你对一个人或一个工作“感觉不好”，而决定继续留意其他机会或人选。但我们的直觉也会提醒我们有好机会。

很不幸，许多人已经和我们的真实本能断绝。我们周围充斥着电视、杂志和网络上的“专家建议”，使得我们丧失了倾听内在声音的能力。没有先请教一大堆的专家，查阅杂志文章、网站等，就没办法油漆浴室或是选择宴会用酒。当与配偶或同事发生冲突时，还没先直接与对方交涉，就先问了一大堆好朋友的意见。这是为什么有时候关上计算机，倾听自己的本能会如此重要。内心能告诉你的，或许远多于另一个专业领域的热心“专家”。

接下来，是我们发现的可以做到行为真实坦率、但又不会破坏与他人关系的方法。

诚实不表示要当面责备

起先，琳达非常愤怒：

公司的两位创意人员错过了好几次跟客户的会议，客户很不高兴。但在把工作团队叫进办公室之前，我知道我必须先处理自己的怒气。

我凭直觉知道，解决这个问题最好的方法，不是正面抨击相关人员，所以，等到可以厘清思绪之后，我再和他们谈。当我把他们请进我的办公室时，我在会议一开始，就先告诉他们一些正面的实话。我告诉他们，他们必须知道他们对客户来说非常重要。客户期待他们与会，所以当他们取消开会，是非常重大的事情。

他们的反应是很惊讶，他们从来不知道他们对客户来说，意义有多重大。然后我继续解释他们的努力对这个案子有多宝贵。在我们谈话的最后，他们真的觉得被赋予重任，而且此后不再缺席会议。

如果我让情绪打败理智，我可能会炮火四射、大声怒骂，然后每个人可能会情绪很不好地散会。长期来说，对我们的客户可能也没有任何好处。不过，以比较不具对抗性的态度来谈问题，整个团队振作起来，对于案子也变得更加自动自发。

当有人做错事时，那种抨击的渴望是奇妙地诱人。你觉得怒气让你理直气壮地可以用实话去反击，但事实是，这样的怒气无法帮你达成目的。严厉谴责别人，说你有多正确、别人错得多厉害，并不能带来什么。相反，我们可以学学乔·佛莱德警官说的“请只讲事实，女士”（注：乔·佛莱德，美国电视剧《警网》中的虚构人物，剧中此人极为重视证据），而不要用人身攻击，像是说：“你在想什么？你怎么能这么做？”就事论事地解释对方做错了什么，用一种可以帮助他们接受事实而不致士气低落的方式。接着提供解决方法，也就是提出让别人可以改善表现的建议，然后继续向前迈进。

当你要转达令人不舒服的消息时，切记当面说。最近读到一起事件说，有个商务旅客坐在即将关上闸门起飞的飞机上，她的手机响了起来。那是她老板打来的，告诉她，她被炒鱿鱼了！在空服人员恳请旅客关上所有的电子设备时，她得知隔天要进办公室清理办公桌。想象一下，就在她要展开四五个小时无聊又不舒服飞行过程之际，遭受到最大的羞辱，然后还得坐在那里想着这些。

在这个情人通过电子邮件谈分手的年代，花点时间、勇敢地面对面告诉别人问题，是有必要的。当面说实话有时候或许伤人，但却更为人性化，而且最后会更受人感激。

帮助别人自行找出事实

假设，你最好的朋友正处于一段很糟糕又受伤害的感情历程中。每隔一天，她就会打电话过来，哭诉那个人今天又做了什么，包括在她老板面前批评她、忘了邀请她参加他哥哥的婚礼、不重视她的生日。她的痛苦让你快抓狂，你只想大声尖叫：“甩掉那个讨厌鬼，马上！”

但任何一个治疗师都会告诉你，不能这么说。某种程度上，你朋友已经知道她应该怎么做，但她需要自己去厘清。同样的心理特点，对于在职场上的同事或客户一样适用，因为这有关你的人际关系。

纽约大学医学院精神病学副教授贝尔金博士（Dr. Gary Belkin）表示，有很多方法可以方向正确地督促或鼓励你心烦意乱的朋友和家人。他回想起有个病人，面临一段爱恨交织的感情，而且处理得很糟。当贝尔金告诉她，她似乎处理得比上一段感情好时，病人指出自己还是没办法处理得像她想象中那么好。突然间，改变行为变成她自己的想法，而不是她的精神病医师的指示：“你就该这么做。”

不管你是个主管还是老板、同事还是朋友，当可以帮助别人自己去发现解决方法时，就不只是在帮助他们解决问题，也是在帮他们找出未来解决问题的方法。

从弱点可以找出优点

好几年前，我们雇用一个非常有才华的项目主任，他在前两家公司都是做到被开除的。后来我们发现，原因很简单：他的脾气很恐怖。他会对助理、搭档甚至客户吼叫。很快地，我们必须告诉他这个痛苦的事实，就是：他无法控制的脾气正在破坏他的事业。除非去报名参加愤怒情绪管理课程，否则他在这家公司也难逃同样的命运。

我们知道他很难接受这个事实，所以在会议一开始，就先说出我们认为他会生气的原因，在于他是完美主义者。他希望每个计划都能做得漂亮，当事情发展不如预期时，他就会不耐烦。

我们不是在为他的过分行为找借口，但我们让他了解，我们欣赏他对工作的在乎程度，也认为他脾气不好是完美主义的副作用，而不是全部的人格特质。

根据心理学家吉波（David Kipper）的看法，我们的弱点通常是优点的另一面。举例来说，极端专注且善于解决问题的人，可能也非常没有耐性，而且难以在漫长的会议中有高水平的表现。一个主管若非常善于观察大方向、为公司规划远景，可能无法完全理解执行面的基本问题。

当我们和这个急性子的主管谈话时，他很震惊，别人对他行为的反应竟然是这样。很显然，即使是他过去的老板，从来没有人当面说他有多暴躁狂乱。他隔天回来，感谢我们给他虽难以接受却极为需要的关心，帮助他看清并改变自己的行为。他真心愿意解决愤怒情绪的问题，因为他不想失业，而且也知道，我们在他愤怒与性急的根源中看出非常正面的一点——他的完美主义。

今天，虽然他还在和脾气暴躁的倾向奋战，但他在控制行为上已经有很大的进步，而且更加尊重他人。而我们相对也肯定他的进步，给他更重要的比稿（注：有的广告主不会将广告计划立即委托一家广告公司，而是让多家广告公司彼此竞争，再从中选出最优秀、最满意的广告公司）任务与案子，并让他处理一些需要非常注意细节的复杂计划，可能是一些别人没有耐心去做的苦差事。结果，他现在是这行的佼佼者，而且帮助公司完成好几个数百万美元预算的案子。

事实不见得都会伤人

罗苹读大学的女儿问她，能不能和男朋友一起搬进罗苹夫妇要付钱买下的新公寓。罗苹足足烦恼了一个星期。

我觉得梅莉莎还太年轻，不能做这么大的人生抉择。和男朋友一起搬进新居等于是在宣告独立，不应该要求父母资助的。而且，在纽约的一栋公寓比梅莉莎所住的纽约大学宿舍要贵很多。

所以，即使我在一开始就知道答案，我还是花了一个星期的时间，琢磨着该说些什么，并问每个认识的人的意见。梅莉莎二十岁了，所以我必须把她当成大人一样看待。我不能以妈妈的身份说："不行，我说了算。"这样做，就是拿她当只有十岁大的孩子。

我必须找出一种方式来谈论她的感受，进行一场大人的对话。后来是治疗师给了我价值一百八十五美元的问题："你为什么会想这么做，梅莉莎？"

结果，梅莉莎提醒我，我曾经提过，我认为给她买栋公寓应该是不错的投资。当我问她，如果我改变心意会怎样，她说："我会住在宿舍。"

戏落幕了。

我们通常认为，要解决冲突必须各方都意见一致。但这不是真的。在一段讨论结束时，你们不必达成一致意见，你只需要让每个人都觉得自己的话都被听进去了，在哈佛教授谈判的席拉·汉（Sheila Heen）是这么说的。当你倾听并发问时，你给予对方一些掌控权，并显示出你尊重他们的观点。你因而创造出一种局面：别人可以听听你的看法，而不是想着用"不行"让他们闭嘴。

和小孩对抗有时候很费力，但毕竟这是父母亲的权利。更困难的是勇敢地面对客户。一般情况下，我们肯定不建议这么做，但是就像我们的朋友，也是我们的母公司阳狮广告集团（Publicis Groupe）执行长莫利斯·利维（Maurice Levy）所发现的，有时候你得告诉重要客户他们不想听的事。

有好多年，莫利斯对一个非常挑剔的客户非常不感冒。每年，这个客户都会照例要求更换团队的领导人，甚至整个团队。有好几年，即使没有什么正当理由，他还是被迫照办。最后，莫利斯觉得受够了。当客户要求拿掉一名他最有才干的经理时，莫利斯拒绝了，并解释说，这位女士是担任这个工作的最佳人选，而且他不能让客户欺负公司的人。

那位客户暴怒，威胁莫利斯遵从他的意愿，不然他要撤回案子，但莫利斯不为所动。几天过去，什么事也没发生。他的案子还是留在公司，而团队也没有变动。莫利斯说："我们知道在有正当理由的时候，有必要做一些重大的改变，但是当客户滥用这样的认知时，会让我们处于双输的局面：不利公司与团队，也不利客户，因为没有团队能毫无后顾之忧地全力冲刺。"

二十年过去了，几乎没有人知道莫利斯是冒着事业的风险来维护底下的人。但是当这位经理退休时，在办公室为她举行的小型欢送会上说出了这个故事。她的同事很惊讶公司有多么地照顾他们。于是，这个忠诚的故事迅速在公司里传开。

莫利斯决定和客户的虚张声势摊牌，其真正的力量不在于当时发生了什么事，而是二十年后这项举动在公司所造成的回响。想想看，当员工知道有个老板这么关照他们，会受到多大的鼓舞。

诚实说“不”

多年前，琳达告诉一名编辑，她下周一必须在上午八点开始着手一个专案。

他说，他没法办到。所以我们把会议挪到十点，而工作也完成了。

后来我问他：“我只是好奇才问你的。你那些其他在周一早上八点的约会怎么办？”

“我不会有约会。那是我和小孩共度的时间。”

“当你说在早上八点开会‘不可能’时，是什么意思？”

“就是不可能。那不是我安排生活的方式。”

他那天给我上了一课。我们都有权力驾驶自己的船；我们都有权利设下分界线。如果别人提出了某件你没办法配合的事，告诉他你有“其他计划”是没关系的。而且这些计划也不必是去觐见女王或是在婚礼上当伴郎这种大事。

我们都有过这样的经验，想拼凑出个借口，逃避一些我们不想做的事。你收到一位熟人的告别单身派对邀请，但就是没有时间。老板问你可不可以周末开个会，谈论一些你可以在工作日做完的事。大学老同学突然打电话来，问你今天晚上想不想去参加她的公开诗歌朗诵会。

脱口回答的是一连串痛苦的抱歉：“对不起！我周末要去给我蜜莉姨婆上坟！”“天啊，我很想去，但我要做根管治疗！”如果这是你的回答，停！你不需要列出一堆理由说明你为何不能参加聚会，或是为了别人而调整你的时间安排。你不需要编一个催泪的故事，或是捏造一个更重要的承诺，才得以与家人共度周末。没有必要多做解释，只需简单地回答。就像我们特别喜爱的治疗师罗宾森博士（Dr.Ono Robinson）所说的：“无须解释，无须辩解，无须证明。”你有权过自己的生活、划下自己的界限范围，别人会更加尊重你的作为。

如果你愿意参加聚会，但时间要能够配合，那就给别人其他选择机会，比方说，建议另外一个时间，或者下次由你发起邀请聚会。

@小提示

不伤人的诚实行动：进行说实话计划，有技巧的实话

找出一个星期，试着对每个交谈的人只说实话。

不必特地告诉同事你觉得她的耳环很丑。但是，千万别口是心非，别告诉她：“耳环很漂亮！”试试看这么说：“好有趣！哪里买的？”

如果你不想参加二表姐的新生儿庆祝会，给她送张简单的纸条道歉，并说你没办法到。只需要告诉她，你多替她高兴，然后送上一份好礼。

不伤人的诚实行动：诚实的勇气——包括面对你自己

是不是有什么事你迟疑着不敢告诉对方，因为你害怕实话会伤害他们的感情？问问自己：他们知道事实会不会比较好？如果答案是“会”，那就告诉他们，但找一个温和的方式。如果问题是有关你妹妹对事业的期望不切实际，那就等到下次她抱怨工作没有前途的时候，再问她对工作有什么期待，她做了什么努力去争取心中想要的工

作……引导她去自行发现事实，不要直接把实话丢到她脸上。你可以说：“我欣赏你的进取心，但你认为从银行出纳员跳到避险基金经理人的路实际可行吗？当个基金经理人为什么会吸引你，除了钱之外……”

不伤人的诚实行动：不用一次拿掉所有面具，一张张来

在觉得自己会脆弱不安的场合中，紧紧地戴着我们的面具是最容易的应对方式。如果你习惯躲在面具后面，试着慢慢地拿掉。找出一件你不希望让别人知道的事：童年时从图书馆偷了一本书，或者担心打电话给可能的约会对象会遭到拒绝。然后找出三个你信任的人，告诉他们。重点不是要你把所有失败的经验和弱点，告诉老板或者未来的姻亲，而是找出你可以对他们不设防、展现脆弱的一面，找出你足以信赖的人。最后，你会发现你不必到处假装，因为当你自己最舒服。

不伤人的诚实行动：玩玩“然后会怎样”的游戏，先想想老实话的后果

为人要诚实、直率，说起来很有道理，但如果要你

说出个令人不安的事实呢？罗苹曾经遇到一位老板要员工这么练习：当你担心别人会因为你的诚实而心生怨恨时，试着想象你的恐惧成真——告诉他们事实，而他们因此恨你。再来会发生什么事？你会失去这个案子？丢掉工作？妻子或丈夫会遗弃你？你得要卖房子？会被判死刑？我们认为不会。去想象后果会有多糟，你通常会发现其实没那么糟。所以，把你的恐惧丢得远远的吧。

第七章　记得说YES的善意方法

研究发现，悲观者比乐观者务实，但是，乐观者比较容易成功。

我总是依靠陌生人的善意。

——田纳西·威廉姆斯

当华德丝（Lupe Valdez）竞选达拉斯郡的行政司法长官时，没人认为她选得上。

华德丝说：“我开始竞选时，面临五重打击——我是女性，我是拉丁美洲裔，女同性恋，我是行政司法部门的局外人，还有，我是民主党员。”她的对手是位共和党籍男性，在达拉斯的行政司法部门资历三十年。

在选战的最后几天，华德丝的对手展开恶毒的负面宣传，毫无根据地指控她从同性恋权利团体中不当挪用金钱。财力不足的华德丝阵营选择不以负面手法响应，“幕僚人员给我极大的压力，要求也以负面的响应反击。我们知道不能什么都不做，就放任这样的指控存在，所以我决定采取不一样的途径。这样做，假如我输了，我还是会喜欢自己。”华德丝说。

华德丝和幕僚人员采取积极的措施，打电话给六万名在上次选举中没有投票给反同性恋阵营的女性。华德丝认为，如果她可以把讯息传递给这些对同性恋比较友善的女性，就可以说服她们投票给她，并不必屈从于对手的策略。选举日到了，在一个行政司法长官选举输赢从来没有超过三百票的郡，华德丝赢了一万七千票，现在成了达拉斯郡第一位民选的女性行政司法长官。

大多数的人对于“抱持积极正面的态度”这个信念，只是口头上说说而已，当对手攻击，一般的反应都是脱下手套认输。毕竟，还有什么选择呢？要不就站起来战斗，或者只能坐着挨打。

但华德丝找到了第三种策略，既坚强又善良。她没有拉低选民心目中对两位候选人的尊重，反而吸引了更多的选民。她没有对对手及其支持者开口说“NO”，却找到了一个方法对达拉斯郡的女性说“YES”。

就像华德丝学到的，“YES”是英语中最有力的单词。如果你可以学着对每个客户、老板、新事业计划说“YES”，你就可以省掉攀爬公司里的层层阶梯，搭乘直达电梯了。

非常准的速配大考验

就像心理学家高特曼（John Gottman）所发现的，这是因为抱持正面态度，对你所有的人际关系有重大的影响。高特曼为七百对即将结婚的新人录像。在观看每段十五分钟的影带后，研究团队开始预测哪几对会白头偕老，哪几对会离婚。十年后，发现他们预测的婚姻成功率准确度达百分之九十四。

研究人员可以做到准确度如此惊人的预测，是通过监看一些我们大多以为不重要的互动，像是安慰地捏捏手臂、泄气地翻白眼。他们发现，消极的互动对婚姻有非常不利的影响。事实上，五次正面积极的互动像是微笑、笑话、赞美，才能弥补一次消极的负面互动。

针对职场互动的研究，结果也差不多。在一项研究中，正面与负面互动的比率至少要三比一，员工的生产力才会高很多。

“NO”将可能性拒于门外，而“YES”则是敞开大门。鲍伯在面试一位非常不可能担任业务员职务的人选之后，才了解这一点。

那个走进办公室的人名叫约翰，高四英尺。他没有膝盖也没有手，手臂只到手肘。“当我第一眼看到他时，我暗叫：‘哇！’但在跟他谈了五分钟后，我发现我已经完全忘记他有什么跟其他人不一样。而且他看起来就像个超级业务员。”鲍伯说。

约翰努力了好几个月，想找个业务员的工作。他面试过至少一百家不同的公司，但没有一家要用他。鲍伯说：“他告诉我，他知道他做得到，只要给他机会。”

鲍伯被说服了，但他的老板很担心：他会不会让客户觉得不舒服？如果他要求加装所费不低的电梯，或者其他特殊装备怎么办？如果他们要他辞职，而他控告他们歧视的话怎么办？

约翰有太多未知的变量，直接说“NO”可能会比较容易。但最后，鲍伯说服了老板，向约翰说“YES”。而冒这个险的报酬非常可观：约翰后来成了公司有史以来的最佳业务员之一。他辛勤工作、个性迷人、敏锐的智慧最后说服了客户。而约翰则说，在某方面来说，异于常人的外表反而成为一项优势。约翰说：“我不记得每个遇到的人，但每个看过我的人都记得我！”

你该如何让每次遇到的人都留下难忘的“YES”？

习惯说YES，习惯乐观

当治疗师罗宾森开始为夫妻做治疗时，通常会从一个家庭作业开始：说出三个吃人肉的好理由。她收到很多令人喷饭的回答，包括“绝佳的蛋白质来源”、“不会太肥”、“减少世界人口”、“全天然的成分”。

这个练习的重点不是要替吃人肉辩解，而是帮人养成抱持善意的习惯。当你怀着假设别人都是慷慨大方的态度与人接近，会发现你的人生变得轻松许多。

怀着假设别人都是慷慨大方的态度
与人接近
你的人生变得轻松许多

举例来说，假设有人告诉你，他们讨厌你的穿着。你可以用一些令人难受的话来反击，或者可以谢谢他们关心你的外表。对方批评衣服的真正目的并不重要，重要的是，训练自己以正面解读这次互动。

心理学家塞利格曼（Martin Seligman）领队的一项研究证实了乐观的好处。在针对保险业务员的研究中，塞利格曼发现悲观者比乐观者更务实，但乐观者却比较容易成功。

原因和乐观者与自己对话的方式有关。当乐观者做电话营销被拒绝时，他会告诉自己，这个人可能是太忙或者心情不好。这是暂时性的状况，和保险业务员的技巧无关，他只是运气不好，在不恰当的时间打电话。或者，他可能根本都不会去探究理由，而继续打下一通电话。

当悲观者被拒绝时，他的自我对话就非常不一样。他会找一个概括定论的理由来解释何以被拒绝。他会告诉自己，他是个糟糕的业务员，在这一行永远没办法成功。悲观者因此而信心低落，几乎不太打电话，像这样，当然谈成的生意就更少。

这就像亨利·福特所说的：“如果你认为自己做不到，你是对的。如果你认为自己做得到，你也是对的。”

当你把别人当白痴，他们通常也会符合你的预期。但如果你把他们当成是全世界最聪明、最有才华的人，你会对他们的成绩大吃一惊。最后，还是当个拉拉队队长比教官有效得多。

光说“YES”不够，要做出来

我们之前提到，研究人员发现我们的沟通只有百分之七是靠口语，其他百分之九十三的表达方式来自肢体语言、脸部表情以及声音语调。这就是说只说“YES”还不够，你必须表达出“YES”。

做到这点最好的方式之一就是简单地点头。皮斯（Allan Pease）是位指导商务人士有关肢体语言技巧与方法有三十年之久的顾问。他表示，点头是最普遍的人类动作之一，即使是一出生就眼盲的人，也会用点头来表示“YES”。另一个普遍的动作是将头偏向一边来表示兴趣。事实上，达尔文注意到连动物都有这种习惯。皮斯说：“当其他人在对你说话时，你所要做的就是摆出偏头这个姿势和点头，让对方感受到温暖。”

反馈对方的行为也是一种很好的方式，这是治疗师一直在用的方法。下次和一个潜在客户或老板举行重要会议时，巧妙地反馈他们的动作。譬如说，如果她用右手拿起咖啡杯，你就用左手拿铅笔。不要照单全收地模仿她的动作，这样看起来会很奇怪。你只要把自己调整成她的心境和情绪，就可以默默地传递讯息，告诉她你接受她，而且能接纳她的想法。而这相对地也会让她觉得自在，当然也就更能够接受你出色的提案！

NO只会招致NO

“NO”这个字的问题在于它会引发一连串的负面事件。如果你接收到来自老板令人气馁的评语，会有种很不好的感觉。而且即使当下无法表达那种感觉，最后还是会发泄出来。你可能会决定要开始迟到，而这会惹恼那些得接替你工作的同事。然后她就会决定：“不行，你休假的时候我不能代你的班。”你开始面对一连串难以停止的

“NO”。

即兴表演者了解这一点。如果你曾经看过真的很棒的即兴表演剧，就知道那是一个很神奇的经验。演员接到完全随机挑选的选项，包括鳄鱼、外层空间、肉丸，然后当场要编出一个故事来，不能停下一分钟来彼此商量，或者思考他们要说什么。如果表演得好，结果通常是欢笑连连，甚至比大多数充分排练过的表演有更大的娱乐效果。

在观赏时，你可能会猜想，演员怎么有办法从脑袋里掰出这么巧妙、风趣的故事。天分当然占了很大一部分，但不止于此。即兴表演者有很多手法可以让故事说得行云流水，而最重要的规则之一，就是即兴表演者绝对、绝对不可以说“NO”。他们的反应一定是“YES，而且……”

例如，假设有一名表演者开始盯着他的搭档眼睛说：“让我们去火星结婚。”

如果另一名演员说：“什么，你疯了！火星温度有几亿万度，而且没有氧气！”

你认为这出喜剧接下来会怎样发展？什么进展也没有。

另一方面，如果演员说：“好呀，那一定非常奇妙！我们可以把我在海王星和冥王星的亲戚都请来！”那你就可以听到一个好故事了。

确实，说“YES”并不是都那么容易。我们认识一位名叫波妮的女士，她回忆起一个下雨的周末，那时她在纽约市找了好几个月的房子却徒劳无功，因此感到精疲力竭，决定待在家里看本好书。这时候，朋友泰瑞打电话给她，邀请她去参加他朋友乔治在新泽西办的野餐。波妮说：“你可以想象我有多热情，冒着雨跑到新泽西去烤肉。”

她只见过乔治一次，当时泰瑞带他去参加一个她主办的派对。但是泰瑞解释说，乔治坚信要对等互惠，而且非常希望能够回报波妮的殷勤招待。波妮说：“他就是被这样教育长大的。”

所以波妮手里拿着书到公车站，准备面对一段漫长又乏味的旅程。然而，在离开车站十分钟后，她发现已经到了目的地。“我惊喜地看见曼哈顿壮丽的景观。”她说。她还注意到那个区域有许多很漂亮、而且翻修过的维多利亚时期的房子。当她抵达烤肉会时，她询问起当地的房价。乔治提到对街有栋房子要出售，但出价超出她的预算范围。不过，波妮在烤肉会上还是很愉快，还在隔天送乔治一份谢礼。

两个星期后，波妮接到乔治的电话，他已经把价钱杀到她可接受的范围了。波妮说："他说服屋主，如果他们不找房地产经纪人，这对他们是非常好的结果。"

那是波妮与她丈夫梦寐以求的房子，他们买了下来。"我们距离纽约市区只有十分钟，而我丈夫去钓鱼只要五分钟。最好的是，我们有想都想不到的好邻居。谁会想得到一个死硬派的纽约客竟然有可能成了新泽西人？"

把NO说成YES的方法

但你不可能老是对每个人都说"YES"，有时候答案真的就是"NO"。例如："不行，你春假不能跟另外十二个十六岁的人一起出远门。""不可以，我不能连续五个周末都来工作。"

也有可能你觉得说"YES"对你来说一直都不是太困难，你对每个人都说好，包括同事、婆婆。那样做，会害死你。

"说'YES'，带你爬上高峰"并不代表对每个人有求必应，只是意味着要找件可以说“YES”的事情。所以下次你很想说“NO”的时候，试试以下的几种说法。

“抱歉，帮不上忙。”→“我知道谁可以帮你。”

日前，罗苹收到一个有关新业务的消息：

一个经常帮我们招募项目经理的人力主管，给我介绍个人要来谈犹太正教联盟（Orthodox Union）这个正统犹太教团体的一些业务。我们不能接这个工作，因为我们已经在帮犹太教联合社团（United Jewish Communities）做事。

但我不想直接拒绝，所以我找到了几个对这个案子有兴趣的同业朋友。我花了不少时间处理这些事，但帮这位人力主管这件事情对我来说很重要。

人力资源是竞争非常激烈的市场，而我希望她能帮我们找来最好的人才。还有什么更好的方法可以让她觉得我们的公司是工作的好地方呢？

即使你必须亲自说“NO”，通常还是存在着另一种形式的“YES”。通过帮助别人解决问题，譬如说，将他们介绍给其他可能可以提供帮助的人，你就能维持正面的能量持续运转。而且往往一个对你来说不甚有吸引力的要求，对别人来说可能是一个很好的机会。资历浅的同事可能会为了有机会撰写新闻稿或者代表公司参加在纽约市托皮卡区（Topeka）的业务会议而兴奋。把这件事安排好，能让两个人都开心，而且你也省下一张飞机票。

“哇，成果不理想。”→“喔，你可以做得更好。”

身为母亲和老板，我们经常得告诉别人一些他们不想听的事。如果办公室里有人交出来的工作，我们认为没有达到目标，显然，我们不能对他们说：“做得好。”但我们会试着找出比较正面的事情来说。例如，如果一位作家拿给我们糟糕的脚本，我们提醒自己这只是个脚本，而他曾经为我们写过很多很好的脚本。所以，我们不会说“这个很糟糕”，会换成：“你做得很不错。但我不确定这是不是有达到你的水平。”这样更能激励他。

“恕不一一回复。”→“感谢您的来信。”

寄个感谢函或是回应个主动寄来的履历，只需要几分钟，但这些小小的确认动作很容易被忽略。毕竟，你有几十万件事情要做。如果你连个工作机会都无法提供，何必花这个时间！但是当你把一份履历表丢到垃圾桶里而不做任何回应，你是在否定一个人的存在。因此，我的公司有个政策，要求大家回复自己所收到的每一封电子邮件和每一通电话，即使只是说："我们这里恐怕没有任何职缺，但谢谢你想到我们。还有，祝你好运。"

像这样一个简单的致谢动作，有助于建立那种数十年仍能持续回响的善意。外面会传说你们公司有善良的人——这是你买不到的宣传。而这只花几秒钟。

如果你还是认为你太忙，没办法回复所有的电子邮件，问问自己是不是比一般的企业执行长更忙。日前《华尔街日报》的一项调查发现，四十四位受访的执行长中有三十九位亲自回复员工的电子邮件，即使这意味着他们得在晚上十一点回信，或者是站在电梯里拿着黑莓机（Blackberry）答复。对戴尔公司（Dell Computers）执行长麦可·戴尔来说，这代表着他每天得花上好几个小时，一一阅读每二十四小时约莫两百封进到他信箱的电子邮件。

许多美国最有权力的人物，都知道这类确认通知的重要性。纽约市长彭博（Michael Bloomberg）在晚上十点接了一位不高兴的纽约市民电话，让这位市民大感意外。当记者问到，这位女士是如何拿到他的电话时，他说他的电话是公开的。他告诉这位女士他不介意她打电话，但他恳请她下次不要这么晚打电话。

你真的比彭博或戴尔还忙？花点时间对每个你遇到的人说“YES”吧。

“你不适任。”→“你去其他地方才能有所发挥。”

投资之神沃伦·巴菲特说，他从来没有开除过一个人。他只是帮助他们在他的公司里找到合适的工作。凯普兰萨勒集团也一直努力在遵循这个哲学，如果有人在某个职位做得不是很好，我们会一直尝试不同的职务，直到找出合适的工作。我们发现，对员工展现忠诚，得到的回报更多倍。

不过，很不幸，我们没办法保持完美的零开除率。而且无论你如何加以包装粉饰，开除别人就是非常重大的“NO”。

我们最近才刚开除一位没兴趣在公司里轮调各种职务

的人。她只对一项工作有兴趣，但她在那个职位上无法发挥。即使我们要她走，她还是很感谢我们曾试着想办法让她留下来，而她也寄了一篇非常贴心的短笺告诉我们。罗苹回信写道："祝福你一切顺利。我知道你很有才干，如果能做什么帮你发掘才华，请让我知道。"

当然，开除就是开除。这是很可怕又沉重的经验，没有人愿意经历。但事实上，这可能正好是有些人所需要的推力，好能在一开始就走对方向。在研究所时，琳达和一位音乐教授之间就有这样的经验。

我曾跟着作曲家马里欧·戴维朵夫斯基（Mario Davidovsky）学作曲。他是电子音乐的先驱，得过普利策奖。我对这位老师满怀敬畏。

他希望我做出无调性的现代音乐，但我写出来的东西听起来都像是百老汇的歌谣。因此，有一天，他直视着我的眼睛，用他浓浓的阿根廷腔调对我说："宁达，你做不来这个。但是你非常、非常会写简单动听的广告歌。"

我哑口无言。当时我想："讲这话多傲慢无礼啊！评论得真是粗鲁。"后来再回想，我才领悟："多么伟大的事业建议。”他百分之百正确，没多久，我就在广告业展开了我的事业。

多年后，我写出：“我不想长大，我是玩具反斗城小孩（I don’t want to grow up，I’m Toys ‘R’ Us kid）。”这是美国史上播放最久的广告歌曲之一。我非常感激我的教授，因为他以他所能的最温和方式告诉我，我不能做什么，而且帮我找到我所能做的。

最后，有些时候你不能选择说“NO”。

圣母大学美式足球教练华依斯（Charlie Weis）就遇到这种情况，当时一名垂死的男孩提出最后的要求：他希望能下达下次比赛的第一项战术是“右侧传球”。但很不幸，男孩在比赛的前一天过世，但华依斯决定要完成他的心愿。当比赛开始时，男孩的战术似乎行不通。四分卫（注：美式足球和加拿大式足球中的一个位置）问华依斯该怎么办，他说他们没得选择，就是得遵照男孩的指示。结果不仅四分卫成功传球，还前进了十三码。

有经验的人当然会有不一样的战术。但最根本的是，我们确实不会知道在我们说“YES”而不说“NO”时会发生什么事。而且有时候做“精明的”选择不见得是正确的决定。有时候，你只需要闭上嘴仔细听。

@小提示

学会说YES：当个用心的听众

克林顿总统相当为人所知的是，他有办法很快就与遇到的每个人建立起关系。无论等待接见的人有多少，他会让每个人都觉得自己像是屋子里惟一的人，好像自己是世界的中心。拿这个来对照一下，上一次你与努力想在派对中跃上枝头的无趣人士（你知道的，就是那些显然在留心张望、寻找更重要的人士碰面打招呼）之间的对话。

我们都有这个能力，可以让人觉得自己像是世上最重要的人。只要把我们所有的注意力都集中在他们身上，在他们的眼中看到我们自己。相较于我们沉迷在镜子前的时间，关心自己的头发、大腿、皱纹，许多人留意别人的时间，真是少得可怜。下次参加演讲或是大型会议时，看看在你周围的人，有多少人专注在演讲者身上。说“YES”最好的方式，只不过就是投注你的注意力。

学会说YES：在“NO”之中找出“YES”

写下最近你拒绝过的五件事，比方说，一名员工提出的休假时间、你小孩要求的昂贵玩具、男朋友想看的怪兽电影。然后问问自己下面的问题：这样的拒绝是不是绝对必要？（其他员工可能会有几天人力紧俏，但他们也会知道，你尽量想让员工在需要时休假。）没有其他选项可以答应吗？（譬如建议小孩做些额外的家务来赚钱，存下来买玩具。）答应了是否也可能会让你受益？（或许你也可能会喜欢那部怪兽电影。）学着养成至少考虑一下“YES”的习惯，将有助于终结连串而来的“NO”。

第八章　要倾听，善意会不请自来

当你让别人的才华发光发热时，你不只获得新的信息，你也赢得他们的善意。

有些称誉是出自善意与尊敬心的。

——培根

在我们公司刚成立没多久，我们和一位现在已经退休的对手公司执行长吃午餐。他非常急于要告诉我们，他的公司和我们的公司比起来有多优秀。我们可以和他争论并试着赢过他的论点，但我们只是让他说。当他转而谈起他的公司有多出色时，我们静静地听着。

后来，他开始透露他公司一些相当机密的细节，包括他的竞争策略、客户酬金、公司的战略等。他还提到他的公司正在争取的新业务，是我们没有受邀比稿的案子。我们打电话，参加比稿，然后争取到案子。倾听，而不是得意洋洋地宣传我们自己的成绩，让这顿午餐的价值倍增。

为何大多数的人都喜欢说那么多？因为我们希望被注意。成为宇宙中心，我们得以充满能量。但是当你在唠唠叨叨时，你用光了室内所有的氧气与能量，使得其他人都变得衰弱。

此外，你浪费了自己的时间。毕竟，你已经知道所有你知道的事。每当你花一分钟在试图让别人为你喝彩，就有一分钟得不到的新信息。就像赖瑞·金所写的："我谈话的第一条规则就是：当我在讲话的时候，我学不到一件事。"

以下是如何调整你倾听技巧的方法。

让别人显得比较聪明

有时候，让全世界知道你有多聪明是很重要的，譬如当你想要进哈佛或者要申请医学院时。但真正聪明的人知道脑力的极限。根据《情商》这本书，智商只在一生成功中占极小比率。这是因为你的智商加上大部分其他的学科测试分数，可以测量出当你独自一人时解决问题的能力有多好，但无法衡量你谈判交易、提出建设性批评或者安慰朋友的能力。这种社交上的智慧对你人生的影响，远大于你在莎士比亚十四行诗或是数学演算上的学问。

当你让别人的才华发光发热时，你不只获得新的信息，你也赢得他们的善意。每个人都希望周围的人可以让他们觉得自己很聪明。对杰·雷诺来说，这是作脱口秀主持人的金科玉律："诀窍就是以主持人为代价，让来宾看起来很好。容易失败的节目，是那些牺牲来宾，而让主持人看起来很棒的。最后那位主持人会发现：'嘿，为什么我再也得不到这些来宾的通告？'"

尽量简化

我们的公司非常吵，但也让这个地方成了比较有趣的工作场合：我们当中，有很多A型人（注：行为模式比较偏向紧张、性急、积极而具有侵略性等），会很兴奋地要告诉别人他们的想法。有一天，我们在为康涅狄格州一家赌场的比稿提案脑力激荡。每个人都丢出一些非常超凡脱俗的说法，想着什么理由会让去赌场的人固定回流。我们钻研着范围非常广泛的人口统计调查和研究。我们仔细思考赌场的智慧财产。我们问了些基本问题，如：“当客人来到赌场时，他们寻求的最基本经验是什么？”

我们的策略规划经理克里斯·瓦顿（Chris Wauton）一直都保持沉默。克里斯是牛津出身的优秀广告专家。当然，完全持平来说，我们发现任何你用英国腔说出来的话，听起来会自动加上百分之二十五的智能。

克里斯已经针对这个赌场做过广泛的研究，访问过无数的赌客。当他终于要开始说话时，我们全都倾身向前，急切地想听他要说什么。他看着我们，耸耸肩，“我不知道。这个赌场好像就只是，嗯，有趣。”

我们爆笑出声。当然，他是对的。有时候最简单的答案就是最好的答案。克里斯可以用一个词汇总结去这个赌场的经验，因为他一直在听，而不是武断地表示意见。而且，在我们的比稿提案中用上他的洞见，让我们赢得这个业务。

只要问，不要说

罗苹更早前也学到这一课：

当我刚进广告业这一行时，我有个客户，是在康涅狄格州的赫布莲酿酒公司（Heublein Distillers），而我们的老板也住在康涅狄格。因为老板的家就在路上，我们要去和客户开会的那几天，我都会顺道去载他。结果，每天，团队中最资浅的人——也就是我，每趟都花上一个小时和公司里最资深的人共处。我有些腼腆，不知道该说什么。他是个大老板，我不想在他面前说出蠢话。

渐渐地，我发现我们的老板非常健谈。无论多不可思议的话题，他都可以讲上好几个小时。因此每天早上，我都从问他一个问题开始。譬如，我问他对替像思美洛（Smirnoff）——我们客户排名第一的伏特加这类蒸馏酒——在电视上做广告的看法。或者，有时候我会问他对公司里办公室政治的反应。也因为那时候我是个无足轻重的小人物，他会告诉我所有的事。我知道了一大堆内幕信息，还有具备商学院价值的深刻观察与分析，而我只是问问题和倾听。

当你问问题时，你是在告诉别人你在乎他们、你对他们要说的话感兴趣。你也在传递一种非常微妙的讯息，说你是个聪颖、好奇的人，想要知道更多。这就是为什么即使是最微小的问题，也可能会有巨大的影响。

露丝·道宁·卡尔普（Ruth Downing Karp）在智威汤逊广告公司（J. Walter Thompson）展开她的广告工作生涯时，女性还戴着手套和帽子上班。当年她二十岁，去参加她的第一次会议，一位研究员在会议中通报各种他所分析的销售统计。在他说明时，会议室里的人对他抛出问题和批评。到了后来，露丝发现她是惟一还没有说话的人。她很担心沉默会让她看起来好像不感兴趣，或者是无法专注。所以当研究员说，如果他们制定某一特定计划，销售成长率可以达百分之七点五，她正仔细地聆听。

露丝抬起头轻声地问：“百分之七点五？”

研究员看着她，有些激动不安，“不是百分之七点五吗？”他以为她知道一些他所不晓得的事情，因此质问他。

“我不知道，”她老实说，“我只是问一下。”

然后有个人说话了："我知道她的意思。因为当你从不同的角度来看，确实不是那样。"

借着保持安静，露丝学到了很多该如何给人留下一个聪明的印象的方法。事实上，当研究员回头看他的数字时，他发现确实犯了个错！就像《圣经》所说的："愚昧人若静默不言，也可算为智慧。"露丝后来成了该公司最顶尖的创意指导之一。

别老爱争辩

你开会迟到了；你没有准时交稿；你在时速四十英里的路段速度达六十。你却搬出一大串冗长的理由，解释是交通问题、沟通上的差错、车上的时速表坏掉了。

当问题或冲突发生时，很自然会想要试着"讲出个解决方法来"。但有时候闭上嘴，反而可以听出个解决办法而获胜。

强纳森发现这点，是他在妻子与岳母陪同下，飞车赶往一场已经迟到的婚礼时。

当警察要他把车停到路边，并告诉他已经超速、还把一位下班的警察甩在后头时，强纳森很愉快地说他不知道。“我跟警察开了一下玩笑，说是女士们指使我这么做之类的。但我没有争辩。我能怎么办？我就是超速。”强纳森说。

把罚单递给强纳森后，警察明白地说，有时候你可以为罚单辩解的。强纳森追问他细节，但警察说他不能再多说了。所以，虽然法院离他家乡有两个小时的路程，强纳森决定要去。“基本上我希望那位警察不会出现，这样就可以撤销了。”强纳森说。

运气恐怕没那么好。“我到了法院，他们说：‘哎呀，看！把警察甩在后面的就是这个人。’”

那是一个农村小镇。法官穿着件羊毛衣和牛仔裤。警察说：“法官，当你叫人把车开到路边，然后给他们一张超速罚单，你认为会看到几个对你亲切的人？”

法官说：“我想应该不会太多。”

警察思考了一下。“好吧，你知道吗？”他微笑着说，“当我叫他开到路边时，他已经停好车了。”

就因为这样，强纳森只拿到一张违规停车罚单和一个警告。

每个人都值得倾听

杰·雷诺表示，当他想要知道一件事情是否有趣，他会问房间里最不重要的那个人。“而且我通常会采用他们的意见。我们生活在一个排外的社会，存在着这样一种想法，认为你应该尽量将别人排除在外——‘啊，你不能进这个俱乐部，你必须是会员，你不够有钱，你不够体面。’但如果你以相反的态度过日子，试着将每个人都拉进来，将会敞开大门。”

这对你的事业也会有很大的帮助。我们曾经和一位大型连锁餐厅的主管谈过，他想要了解为什么公司每年会打破数以千计的盘子。管理阶层没有人知道发生了什么事，而这却让公司花了一大笔钱来补充这些盘子。

一天晚上，这位主管和一位同事在自家连锁餐厅吃饭，讨论这个问题。一名侍者碰巧听到这段对话，然后把他带到厨房。他把主管介绍给厨房的一位工作人员。用着蹩脚的英语，那位厨房助手指出，餐厅洗碗机里面的架子装置得不好，在洗盘子的时候会造成很大的震动。震动会对盘子造成压力，使得盘子容易损坏、破裂。

知道了这点，餐厅就可以解决这个问题，为连锁餐厅省下一大笔钱。这位主管为了奖励这位员工，给他一张五万美元的支票。这个金额是他估计公司大约因此可以省下五十万美元，提出十分之一作为奖金。此外，这位主管决定，员工若提出方法，可以改善公司营运而让公司省钱，一样可获得所节省金额的一成。

林肯也知道直接从源头获取消息的重要性，而不是通过顾问来解释民众的意愿。在《林肯论领导》（Lincoln on Leadership）书中，菲力普斯（Donald T. Phillips）描述林肯如何成为最先了解意见交流重要性的美国领导人之一。他让许多民众来见他，并分享他们的看法。林肯说：“我把这些接待会称为‘洗舆论澡’。虽然他们可能不是对所有的个别情况都很满意，但整体而言，具有革新和鼓舞的效果。”一百年后，商业管理大师汤姆·毕得斯（Tom Peters）与罗伯特·华特曼（Robert Waterman）则将此称之为“走动式管理”。

为了能更了解一般的美国消费者，宝洁的副总裁苏珊·阿诺德（Susan Arnold）就采取更进一步的改良式“走动式管理”。在宝洁内部有句话说：“消费者是老大。”工作人员应该要认识消费者。因此，有两个星期的时间，阿诺德在固定支出之外，给自己每周六十美元的预算来认识消费者。这意味着她得想办法解决一些问题，像是“我该把油箱加满还是要买洗发精”。她发现自己费了好大力气要从牙膏软管里挤出最后的一丁点，而且不再使用停车库。“当时我是和整个宝洁美容护肤领导团队一起进行的，大约有十来个人。这个概念是要借着以我们每个区域的消费者平均所得来生活，维持与消费者的脉动。”阿诺德这么告诉我们。

而从这个亲身体验的研究中，学到最重要的一点是：购买他们产品的女性通常会拿一种选择和另一种选择作衡量。“不断地在作抉择。例如，我应该花在这个比较贵的洗发精，不要买这个新的口红颜色；或者选这个较便宜的洗发精就可以了，那我就也可以买口红？对我们来说，这代表我们必须给消费者提供满意的价值。产品所给予的好处必须值得它们的价格。”

阿诺德了解所有伟大领导人所知道的道理：在商场上，你愈强调消费者，对他们的服务就会愈好。事实上，同理心被发现是人生中成功最重要的技巧。在下一章，我们将会告诉你为什么。

@小提示

听的技术①：闭上你的双唇

找一天，试着尽可能少说话，尽量把焦点从自己身上移开。当你很想要说些什么时，就问个问题。当你很想要说：“啊，我也遇到过同样的事。”就问：“那你有什么感觉？”但也不要做得太令人讨厌。如果有人问你对城里正在兴建的新体育场有什么感觉，就只要回答问题，但之后要把对话拉回到别人的意见上。在那天结束时，列出你所学到的每件事。如果你把这些时间花在谈论你自己，你会错失多少？

听的技术②：抱持感恩的心

自以为很聪明？完成下列的句子：

“如果没有……我没有办法成功。”

“我亏欠……很多。”

“我从……获得勇气。”

“我最重要的老师是……”

毕竟，我们没有一个人是靠自己就能成功的。

第九章　释放善意，感觉别人的感觉

工作时学着使用同理心，对于激发创意特别有帮助。

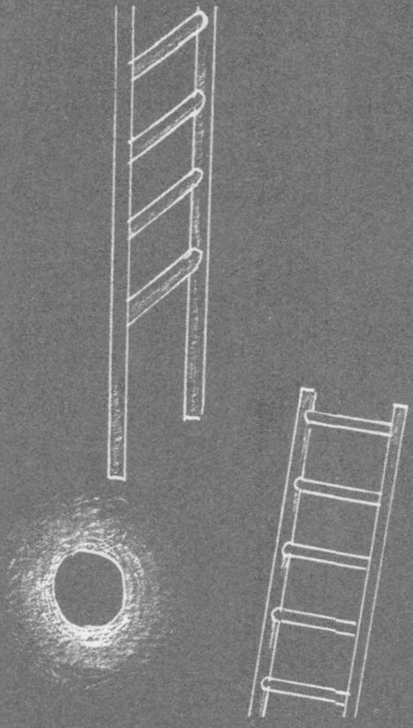

当敏锐的洞察力同善意和热爱相结合，就能探到人和世界的最深处。

——歌德

欧列塔（Ken Auletta）是曾经获奖的记者及《纽约客》杂志专栏作家。他为《纽约客》杂志以及他自己的书《世界大战3.0》，去了解微软遭指控的反垄断官司审判。他约到了与主审法官贾克逊（Thomas Penfield Jackson）面对面的专访，结果这次访问后来变成三次历时相当长的访问。欧列塔对贾克逊提出许多铿锵有力的问题，包括这次审判、对比尔·盖茨的看法，还有贾克逊法官的许多判决。但他们第一次碰面的时候，欧列塔完全没有提到这些事。

“相反，我问到他的生活、他的父母亲以及成长的历程。”欧列塔说。

欧列塔的方法可能有些奇怪。他是在为一本颇负盛名的杂志还有兰登书屋（Random House）写大新闻的。为什么要浪费第一次碰面的时间瞎扯淡，好像在联谊会上社交的人一样？首先，他这么做可以获得有关法官价值观的重要背景信息，让他的报道有深度和背景。其次，他必须深入认识法官，而法官也必须认识他。“我想我得到他的信任，因此我没有摆出赶着要拿个头条的饥渴样子，”欧列塔说，“表现得礼貌和有耐性，会得到更多的信息。”

欧列塔指出，记者并没有态度友善的好名声，这工作经常得提出非常尖锐的问题：“你的组织窃听美国公民吗？”“为什么你卖公司的股票，却告诉员工加码？”“当老公和安吉丽娜·朱莉跑了，你有什么感觉？”有时候这些问题的答案攸关大众利益，有时候却只是在促进八卦杂志的销量。但无论是哪一种，为了揭发真真确确的事实，精明的记者很快就学会了要非常非常的善良。

“我们没有传讯别人的权力，所以人家没有必要跟

第九章

释放善意，感觉别人的感觉

我们说什么。”欧列塔说，“而且如果这个经验好像是在接受牙医钻牙，他们更不会吐露真相。不过，他们通常还是会和记者谈，只要我们的个性令人愉快，不要只问问题，而是真的会听答案；而且似乎是热切地要了解‘为什么’，好像我们在采访大新闻的样子。”

以同情心和同理心对待别人，不只是经验丰富的记者的策略。事实上，这也是通往快乐、成功人生最可靠的途径。

我们已经告诉你许多当个好人可以让你得其所愿的方法。例如：小小的赞美或礼物会怎么带来奇妙的机会；说“YES”可以如何加强你的人际关系；帮助对手或竞争者如何反而能帮助你自己。接着，我们要告诉你，对任何想要掌握善意的力量的人，最重要的技巧就是设身处地的能力。

在乎别人的人更成功

根据《情商》作者丹尼尔·高曼的看法，有高度同理心的人，也就是说能够理解别人的感受，并从别人的角度来看事情的人，会比较快乐、比较受欢迎，而且感情生活也比较顺利，事业上也比较成功。“有同理心的人比较会发现并满足客户、顾客或部属的需求。他们似乎比较可亲，会想去听别人想说的话。他们会仔细聆听，了解别人真正关心的事情，准确地回应。”高曼说道。

看看在大陆航空公司担任执行长的贝绅（Gordon Bethune），任内十一年成功地将大陆航空改造为可说是美国最成功的传统运输公司。曾经有人问过贝绅，他为何这么了解人。“我也曾是其中之一。”他俏皮地说。在贝绅于1994年当上执行长之前，大陆航空飞机准点率评比老是全国最低，而且常常是最后一名。抵达时间延误，每个月会增加航空公司五百万美元的成本。他知道，激励员工改善服务最好的方法，就是让他们觉得自己对大陆航空的成功有责任。所以他展开一项计划，给每一位员工，包括登机员、空服员、行李搬运工，每月六十五美元的奖金，条件是只要飞机的准点率可以达到前五名。由于员工有四万人，这个计划的代价高昂：一个月要二百五十万美元。但这没有飞机延误的成本那么高。根据贝绅的计算，这么做可以降低成本又提升服务。

这个方法有效。在计划推行后三个月，大陆航空做到了史上第一次准点率表现第一，而且一直维持在前五名。这个计划效果非常好，因此大陆航空得以提高标准。现在，大陆航空一定要达到前三名，员工才能够得到奖金。但他们的奖励也更高，大陆航空得第一的时候，他们可以拿到一百美元。

在医学界，“同理心”现在也被认为是非常重要的素质，因而成为美国合格医学院必修课程的一部分。研究人员发现，对于病人感受比较敏感的医生遇到的诉讼案件，比那些只是提供冰冷、没有感情的诊断结果的医生要少。在《决断二秒间》一书中，作者高拉威尔详细说明一项医学研究员温迪·利文森观察一群医生的研究。有半数的医生从来没有被控告过，另外一半则至少被告上法庭两次。利文森发现，没有被告过的医生，对病人说话的时间，比那些遭遇病人诉讼的医生平均多出三分钟；他们的声音也较轻柔，而且比较幽默。

“一般人不会去告他们喜欢的医生。”专攻医疗过失的律师柏金对高拉威尔说，“在这行的这些年来，我从来没遇过有客户上门来找我说：‘我真的喜欢这个医生，但我也觉得他这样做很可怕，我想要告他。’”

当然，学习同理心的时间是愈早愈好。这也是为什么小学现在也加入这样的行动。在加拿大，有一项称为“同情之根（Roots of Empathy）”的小学计划，对一年将近四万名的儿童教导同情心。而在2005年底，英国也推出一项计划，对英国学童教导情感上的技巧。

学校教导同理心的重要方法之一，就是当义工。在《行善的治疗力》一书中，作者路克斯（Allan Luks）描述一项针对得州在辍学边缘青少年的计划。这些情况危急的青少年在开始于当地小学担任辅导工作后，他们的辍学率由原先预期的百分之三十五降为百分之六。

帮助他人不只可以建立自尊，还真的可以改善健康。密西根大学2003年进行的一项五年研究，追踪四百二十三对老年人。结果发现，关心别人的人，不管是通过当义工，或只是体贴邻居和配偶，这种人早逝的比率比不关心别人的人低了百分之六十。

所有的人，除了少数的自恋狂和反社会倾向者，天生都有同理心。这就是为什么当妈妈非常紧张地打电话给你，提到即将到来的假期晚宴，你也会开始觉得焦虑。这也是为什么当看到同事在打呵欠时，你可能也开始觉得想睡觉。新生儿在听到别的婴儿大哭时，也会开始跟着哭。“我们会很灵敏地从别人脸上或姿势接收到情绪暗号的流动，然后我们也会以自己的表情与之共鸣。别人真正激怒我们的方式，是抽象问题永远也无法做到的。”灵长类动物学家德瓦尔（Frans de Waal）在《猿形毕露》书中如此说。

很不幸，许多人已经失去我们的同理心本能。在二十一世纪忙乱的生活步调中，充斥着二十四小时不断的新闻、手机和黑莓机不断涌进来的干扰，很容易就会变得分心或忙得不可开交，以至于没办法正眼好好看着就在自己面前的人。因此，接下来有几种方式，可以重新连上一直在我们体内沉睡的可爱古老DNA。

你工作时会吹口哨吗?

在我们创办凯普兰萨勒集团几年后，我们争取科威

（Coldwell Banker）的案子。我们真的以为我们拿不到。毕竟，还有一些非常大的公司也在角逐这项业务，而对手的资源和信誉都比我们强很多。

我们做了一个非常有创意的简报，而且对成果感到很骄傲。但当我们获得科威的业务时，还是感到非常惊讶。我们问起该公司的主管，我们何以能在这么艰巨的竞争中胜出。他们说，前提当然是他们喜欢我们的努力成果，但对于我们总是在笑、互相开玩笑的相处方式，感到印象深刻。我们公司的人似乎真的都喜欢彼此。这样的评语令我们意外。确实，我们知道，并不是每个人都有幸能够真心喜欢他们的同事，就像我们一样。但我们猜，大多数的专业人士会打起精神来，至少在与潜在客户开会时，会假装他们彼此可以和平共处。

不见得。科威的人告诉我们，他们在很多会议中累积经验，能感觉到，广告公司的人要不是从来没有一起合作过，就是忙着为职务在耍手段。科威的主管们担心这种广告公司花在处理内部政治上的时间，可能会比做出一个好的广告还多。

在职场上有个很大的迷思，大家心里会暗暗这么想，如果在办公室过得很愉快，那么你一定是在浑水摸鱼。但高曼认为，快乐的员工对公司获利更有帮助。这不只是因为他们比较有生产力，愉快的员工也会让顾客觉得开心，而开心的顾客会买的更多。一项研究也确实用数字说明了员工士气对销售成绩的效果：服务的气氛每改善百分之一，营业收入就会增加百分之二。

高曼发现，有同理心风格的老板，知道怎么倾听员工的疑虑，并有效予以解决。他们比较能够和员工沟通，并激励员工，能够让员工留得久一点，而且员工也会比较努力。事实上，盖洛普机构调查了七百家美国企业的两百万名员工，发现生产力与他们和直属上司的关系直接相关。

做一个讨人喜欢的老板，不见得就是要给大额奖金、丰富的午餐和休闲设备；虽然，我们确定我们的员工会告诉我们，这种额外奖励肯定最受欢迎。

老板若想得到员工喜爱，要尊重公司里每一个人的工作。在凯普兰萨勒集团里的每个工作都很重要，这是为什么每当公司里有人获得成功，不管是拿到一笔四千万美元的案子，或者卖出一个十五秒的电视广告，我们总是会试着表达感谢。这个业务有多小都无所谓，因为对一个只卖出一个减价优待券广告的资浅新人来说，这对他们来说就是全部的成就了。我们如果对此没有给予肯定，就等于是在说他们的努力无关紧要。

别只顾自己演出的“电影”

前阵子我们看到一篇恶作剧，讲述一个挫折无奈的商务旅客怎么对付一个用手机大声讲话的人。

乔纳森·亚米斯在纽约拉瓜迪亚机场的航空公司贵宾室，而他以及室内的其他所有人都得忍受一个不断在许多别人的语音信箱里留些无聊话的人。许多人要求他降低声量，但是那个长舌的年轻人置若罔闻。由于他重复了很多次他的电话号码和目的地在纳什维尔，亚米斯匆匆地把号码记下来。等他回到西雅图的家中，亚米斯在纳什维尔时间的清晨两点，打电话给那个长舌男。

“我说：‘你一定觉得在清晨两点打电话实在很没礼貌。’”亚米斯这样告诉《纽约时报》记者。

“他说：‘没错。’我就说：‘但肯定不会比你今天下午在贵宾室所表现出来的行为更无礼。’我们两个挂掉电话。我已经把重点告诉他了。”

虽然我们不同意亚米斯的做法，但他的确是把他的观点表现得一清二楚。这年头，粗鲁无礼已经达到历史高点。美联社在2005年10月公布的一项调查显示，有七成的人认为，我们比二十年前更没有礼貌。例如，有人大声用手机讲话、抢停车位，而在公共场合骂脏话的人最惹人讨厌。

犯了这些行为的人大多不是坏人，而是什么都不懂。他们太习惯听小孩大吼大叫，所以他们不知道他们亲爱的小宝贝正在破坏餐厅里其他人用餐。他们穿着便服太舒适了，所以没考虑过能不能穿着运动裤和胶底夹脚拖鞋进戏剧院。他们肯定从来没想过这种衣着对表演者不礼貌。这种行为就好像这个人只盯着自己的电影看，像是比尔个人秀、海瑟个人秀，而忘了别人也有他们自己的电影。

这就是想象从别人的角度来看人生，会这么重要的原因。琳达的女儿埃米莉，日前就提供了很好的一个例子。

埃米莉邀请了几个朋友来家里，而我就在他们的面前责备她，说她应该在和朋友玩之前先做功课。后来，埃米莉说：“你知道当你在我的朋友面前吼我时，我是什么感觉吗？”突然间，我领悟到那一定非常尴尬。我知道如果别人在客户面前批评我，我会有什么感觉。我也知道，如果我用尊重的口吻、并且私下问她，更能够激励她做功课。

换句话说，有两部我们所谓的“电影”同时在进行：琳达的电影是关于琳达要做个负责任的母亲，埃米莉的电影则是关于埃米莉被当个成人对待。

工作时，学着去看别人的电影，对于创意会议特别有帮助。举例来说，如果有人提出一个我们不喜欢的提案，如果立即否决，肯定会让那个人觉得不好受。此外，有时候这个提案之下也有好创意，只是那个人没有办法表达。借着问些问题，如“你是怎么想出这个构想的”或是“为什么你觉得这个可以用在这次的活动中”，我们通常可以发现一些真的很了不起的点子。

情绪性的字眼，要倾听

当我们开始着手美国家庭人寿的广告时，这家公司送来一叠又一叠有关他们的资料。但我们不知道要从哪里切入，一直到碰见执行长埃摩斯。会议中，我们又拿到一堆枯燥乏味的事实与数据。

所以我们就随口问了："到底是什么最让你们困扰？"

埃摩斯说："我只是厌烦了去吃午餐，却没有人能够念得出我公司的名字。"

这时，我们的灵感灯泡亮了起来。他的家族打拼好几代，创立了这家公司，每天有数以千计的员工进到办公室来，他希望他们会觉得以在美国家庭人寿工作为荣。

一旦他的谈话开始带着情绪，我们就可以把所有那些统计数据和获利报告都抛到窗外。他只是希望别人记得这家公司的名字。

就这样，在汤姆·亚米柯和艾力克·大维杰出的创意指导下，美国家庭人寿的鸭子广告就此诞生，而且一夜之间成了美国最广为人知的一个广告。

自从这个广告在2000年开始播放，美国家庭人寿的鸭子已经成为一种文化象征，而且光是在一开始的几年，公司的营收就成长了百分之五十五。美国家庭人寿鸭子的“Q score”（这是一种综合性的调查结果比率，可以衡量知名人士和知名角色受喜爱的程度）比劲量电池的兔子（Energizer Bunny）和麦当劳叔叔更高。它让美国家庭人寿成为家喻户晓的名字，让埃摩斯喜出望外，而班·艾佛列克（Ben Affleck）则大感懊恼！（注：美国家庭人寿的鸭子广告原本想找演员艾佛列克演出，因为艾佛列克的姓氏Affleck与美国家庭人寿的英文名称Aflac发音近似，双方因故未能合作。在youtube上面键入aflac，就能找到一系列的鸭子形象广告。）

接受影响并非有求必应

约翰·高特曼博士（那位预测婚姻成功率纪录高得惊人的华盛顿大学研究员）说，成功的人际关系，关键之一就是能够接受影响。譬如说，假设你打电话给丈夫，说你得工作到很晚，而你的老公表示出很失望。因为你这个星期每天晚上都工作得这么晚，他希望能和你共进晚餐。你可以口气恶劣地说：“好吧，你以为我真的想把晚上的时间花在核对一张张出货单上吗？”或者，你可以更温柔一点地说：“对不起，亲爱的，但是这些出货单明天要用。”

或者你可以考虑一下他的想法。因为他真正想要说的，加上他觉得被忽略这件事，是在告诉你婚姻应该和事业一样重要。如果你今天晚上没有做完这些出货单，公司真的会倒吗？这些工作值得付出这个代价，也就是你丈夫的感受吗？

接受影响不代表一定要有求必应。有时候你遇到最后期限，而能做的只有祈求配偶能够谅解。但是你可以让对方比较容易理解，只要你一直都表现出你在考虑配偶的观点，而且愿意去做必要的调整和妥协。

从他们的眼里看你自己

“我把我的前半生花在努力不要让我妈妈难堪，后半生则努力不要让我老婆觉得不好意思。”杰·雷诺开玩笑说。雷诺从来没有在《今夜秀》里开过妻子的玩笑，因为他知道所有的幽默来自于事实。“每个你看到在开老婆玩笑的漫画，除了那些生孩子或类似的事情，通常都还有其他涵义。”雷诺必须搞笑，好维持他的事业，但开他老婆玩笑的代价可不是那么好玩。

许多人都沉陷在自己的欲望与野心之中，而没看到自己的计划可能会影响其他人。老板（包括我在内）常常忘记为老板工作的人对老板的看法，通常迥异于老板对自己的看法。有一次，罗苹听说助理打电话进来说会迟到。因为她那只非常老的狗得去看兽医，就随口对我们的总机小姐开了个玩笑。

“老是因为狗！”我开玩笑地说。我可是养过许多狗，所以对这个问题表示同情：这不是事实吗？那些可爱的家伙全盘占据了我们的生活。

但公司的柜台总机美眉可不这么认为的。她听到的是，公司总裁对自己的助理非常生气。所以她做了正确的事：她告诉这位助理说我很不高兴。几分钟后，我的助理进到我的办公室，非常烦恼的样子。她解释说，她自己一个人住，没有人可以帮忙照料狗。我说："你到底在说什么呀？"她告诉我，听说我对她迟到非常生气。我说："事实并不是这样！"

每个人都是好意，只是，我们身在不同的"电影"中。因此在没有证据之前，把人往好处想是这么的重要。就因为同事在电梯里粗率无礼，不代表他在生你的气，那可能代表很多意思，可能他和女朋友吵架了，可能他妈妈又住院了，也许只因为今天是星期一。学着从别人的角度来看事情，大概就会知道其实并不是针对你。

一旦开始练习同理心，你就是在开发你应有的直觉，让你跳脱出自己的隔膜、更灵敏感受他人需求。这对于你的事业层面和个人层面都有好处。举例来说，博客作家英格利希（Paul English）打电话给电话和公共事业公司，试图找个真人讲话。一直听到语音回答的他觉得很挫折，因此架了一个网站，帮助别人逃离语音信箱的地狱。他列出许多家公司连接到真人接线生所需的输入号码顺序，以便网友尽快听到真人说话。他猜想，如果无止尽的语音信箱让他抓狂，那么应该还有很多人也有同样的感觉。这个网站大为风行，还引起媒体的高度注意，在NBC、CNN和ABC新闻以及《华尔街日报》都受到肯定。

通常你在运用同理心的力量时，好处并不直接，有时候甚至要等到数年之后，才能感受到那一刻的响应。就拿我们的朋友艾琳来说，她是曾在许多我们拍摄的广告中出现的演员。艾琳的棘手难题，是典型纽约艺术家的问题。为了要工作，就得住在城里，但是住在纽约市却贵得吓人。艾琳知道，等到要生小孩的时候，她和丈夫可能就得搬到不那么贵的牧场去，但这会严重妨碍她的演艺生涯。

她热爱在城里的生活，因为不仅可以得到梦想中的工作，还让她有机会可以在当地的动物拯救机构从事有意义的志愿者工作。艾琳的工作是帮手边的狗找到可能的收养人，该机构将申请人列在一张表上，而可以被收养的狗则依照被申请的顺序排列。

“有一天，我听到一位女士说她刚刚失去了已有十四年感情的爱犬。她在找一只小猎犬来取代以前那一只。”

艾琳非常同情这位女士，毕竟一开始就是因为对狗的热爱才当义工的。问题是机构里只有两只小猎犬供人收养，而有兴趣的人却有一长串。“但那位女士的声音中带给我特别的感受，让我深信她的生活中需要一只宠物。”

所以艾琳把那位女士提到名单的前头。艾琳说：“我后来发现她自己住，儿子和丈夫都因癌症而过世，她真的把狗当成家人。这位女士的人生因为狗的存在而有意义。而且我就是觉得，我应该从机构里找出一只幸运获救的狗，让她的家更完整。”

两年后，艾琳怀孕了，希望能在纽约找一间公寓，可以容纳她的家庭新成员，又能让艾琳延续演艺生涯。“我们需要有可以容纳婴儿空间的新家，而且费了很大的力气在找一个适合的地方。这位养狗的朋友刚好打电话来分享小猎犬的最新消息，于是我分享了怀孕的好消息，还有我们找房子不顺利的坏消息。她突然说等一下再打电话过来。”

一会儿之后，电话响了。打来的是一位房地产经纪人，和那位养小猎犬的女士是朋友，恰巧知道一间好得令人难以置信的曼哈顿公寓，艾琳夫妻俩又负担得起。而且，这是还未在市场上公开的内幕消息。今天，艾琳和她丈夫有个漂亮的女儿，还有一间可以养育她长大的可爱公寓，而她的演艺事业也非常兴旺！

无论同理心是否能帮你赚到几百万，还是帮你找到最好的房地产，我们相信，将注意力转到别人身上，是让人生过得更精彩的方法。另一种选择是什么呢？沉迷在你自己身上——你的头发、你的体重、你的财务状况？用电视和垃圾食物麻木你的心智？专注在别人关心的事物上，好处是会让你的注意力从自己的烦恼和焦虑转移开，而这比做治疗要便宜很多！

@小提示

唤醒你的感觉：恼怒是发明之母

在口袋里放本小笔记本和笔，随时都带着。然后观察、倾听别人在抱怨的事：复印机卡纸了，邻居音乐放得太大声了，邮差老是把信塞到邻居信箱里……在一天结束后，列出十个可以解决他们问题的方法。借着注意别人而不是你自己的需求，或许你会发现自己想出了一些真的很有创意的新点子。

唤醒你的感觉：在别人的“电影”里演出

想出一个你跟他有冲突的人。然后写下他们在冲突当时情境下的表现，不管是用纸还是用计算机，重要的是不要让你的手停止动作。维持动作，这样你才不会对这个情况想太多。你要感受他们的情绪，不是去想他们。这是一种很好的练习，训练你从别人观点来看事情。

唤醒你的感觉：找出情绪性用语，打开别人心房

下次参加大型会议，或者和朋友或亲戚通电话时，列出所有你听到有关情绪的字眼：“我希望”、“我想要”、“我好烦”。这些字眼透露出哪些有关你谈话对象的事？他们又能给你什么线索，让你知道该如何更满足他们的需求？

第十章　善意不是惟一，而是最好

不具目的的善行，可以帮你变得更富有、更健康、更有智慧。

但最重要的，是可以让你更快乐。

最有助于人的生命的，莫过于从早年起就养成善心善意与爱人的习惯了。

——罗杰·马尔腾

1960年，一位成功的法国商人马塞尔·布勒斯坦–布朗谢（Marcel Bleustein–Blanchet）创立了一个基金会，打算帮助值得赞助的年轻男女发展事业。有一年，基金会赠与一位年轻的天文学家一笔补助金，而他则用这笔钱买了他的第一台望远镜。

超过三十年后，这位天文学家发现了一颗新的行星，决定根据他第一位赞助人的名字，将新发现命名为“布勒斯坦行星”。想象一下布勒斯坦家族的喜悦，因为祖父的慷慨大方在光年以外的地方受到肯定。

当开始写这本书时，我们也不知道善意的力量会有多大，只知道礼貌和体贴对事业和人际关系非常重要。但等到我们开始和别人谈到有关善意对他们人生所造成的影响，这才了解到，一个体贴的动作或是鼓励支持的话语会有多大的影响力。最神奇的是，有时候一些似乎只是微不足道的巧遇，帮个陌生人提袋子，提供年轻员工工作上的建议，却产生长远的影响。事实上，很多时候这些说故事的人自己也很惊讶。在转述这些故事之前，他们自己也没有发现自己的成功或好运只不过是归因于一个简单、有同情心的举动。他们根本没有将善意联想到敲定合约或是说服同事，他们“只是想要待人友善”。所以他们也很惊讶地发现，一个体贴的动作所带来的骨牌效应。

写这本书时，我们开始注意到，自己的生活也出现微妙的变化。尽管我们认为自己是好人，但我们还是可能会像别人一样粗心迟钝。然而当我们把自己对善意的力量的想法和观察写成文字之后，我们的行为开始有所不同，在日常行为上会考虑更周到，对每天所有会遭遇的无数道德小困境会有新的看法。我应该给侍者多少小费？我要给马路旁的游民一美元吗？我要横穿马路还是走人行道，还是让开车的人有先行权？

当与同事意见不同时，我们发现自己会退回来，试着去看对方的人生“电影”。如果有朋友怒责我们，在以怒气反应前，我们会先假定朋友是善意的。在每次冲突中，我们会问自己：“有没有更好的方法？”

而这真的有效！因为写这本书，和朋友们的争执变少了，体验到更多与同事之间交流的同情心，更常笑而且得到更多事业与个人的成功。我们发现自己对于尖锐刺人话语的效果更为敏锐，更能察觉不友善的字眼会如何打击别人的创意和热情，甚至是整个公司。另一方面，我们也看到赞美与鼓励如何让整个组织动起来，更加齐心合力地一起工作。

自从创立公司以来，我们一直很幸运地不只吸引到优秀有才干的专业人士，甚至还有一些业界最善良的人。而通过他们的言行举止，公司也塑造出一种文化，使得员工的行为也会反映在新进人员、客户及我们经常光顾的小贩身上。基本上，他们的善意为自己创造了一个更美好的世界。

当然，要成功不只要有善意，努力工作、智慧、天分也都是基本要素。我们并不是主张善意是成功惟一的方法。每个人都可以提出例子，说明无情的怪人抢到工作、获得肯定、追到漂亮的女朋友。

最好的成功方式

但我们希望能够说服你有别种方式，对人善良而体贴。这样也是同样有效的，而且我们相信是最为有效的成功方式，更甚于自私或残酷。既然如此，何不采取善良的方式？这样不仅可以让你的事业和人生走得长长久久，你对自己的感觉也会比较好。在现今的文化中，我们听到很多有关自尊的事情，也获得很多如何得到自尊的方法，从诚心地反复自我肯定，到买辆新车犒赏自己。但我们还是常常忽略了，得到自尊最可靠也最快速的方法是行为表现要能让你尊敬自己。如果你的行为正直、有同情心、有风度，你就不需要花好几个小时躺在治疗师的沙发上，叨念着你四岁的时候你母亲说了什么话，导致你和老板或老公起了什么冲突。你会知道在你的内心是个珍贵、有价值的人，可以帮助改变这个世界，一次做一件好事。

我们的朋友兼同事哈尔·弗里曼在不久前学到这一点。在他每天从纽约市回到新泽西家中的途中，哈尔在林肯隧道入口附近会看到同一个乞丐在乞讨零钱。“有好几个月的时间，他每天都会到我车边来，我都会给他两毛半或一块钱，看我手边有多少给多少。渐渐地，我们都认得对方。这种交流也从令人讨厌的干扰，变成我每天开车回家美好的一部分。”哈尔这样说。

有一天，哈尔惊讶地发现，他的朋友穿着一套新西装，还打了领带。那个人从一辆车走到另一辆车，微笑着和每个人握手。当他最后来到哈尔的车子时，他很自豪地解释说，他终于找到一份工作了，而且希望谢谢哈尔帮助他努力不懈。哈尔说：“看到他的成功还有他脸上的光彩，比我给他的钱还要有价值一百倍。”

如果你从这本书学到了什么，我们希望你了解到即使是最微小的善行，也会有未开发的潜能，而且其效力达数倍之强，足以改变这个世界。**是的，没有目的的善行可以帮你变得更富有、更健康、更有智慧。但最重要的，是可以让你更快乐。**

毕竟，这不正是善意的真正力量吗？